D1136083

escale à

las vegas

Superficie 345 km²

Population 607 000 (ville de Las Vegas),
2 millions (région métropolitaine)

Fondée en 1905, Las Vegas est
aujourd'hui la métropole de l'État du
Nevada

Bâtiment le plus haut Stratosphere
Tower (350 m)

Fuseau horaire UTC −8

ULYSSE

Crédits

Auteur: Alain Legault
Éditeur: Pierre Ledoux
Adjoints à l'édition: Julie Brodeur, Ambroise Gabriel
Correction: Pierre Daveluy
Conception graphique: Pascal Biet

**Conception graphique
de la page couverture:** Philippe Thomas
Mise en page et cartographie: Judy Tan
Photographie de la page couverture: Des sosies
d'Elvis à *Sin City* © Timothy Wirick

Cet ouvrage a été réalisé sous la direction de Claude Morneau.

Remerciements

L'auteur tient à remercier Lupe Legault, Raymond Z. Legault, Mathilde Legault, Marie-Frédérique Ouellet et Annick
St-Laurent pour leur aide. Merci également à Erika Pope et Ginny Poehling du Las Vegas Convention and Visitors
Authority et à Sarah Lindsey de la Las Vegas Monorail Company.

Guides de voyage Ulysse reconnaît l'aide financière du gouvernement du Canada par l'entremise du Fonds du livre du
Canada (FLC) pour ses activités d'édition.

Guides de voyage Ulysse tient également à remercier le gouvernement du Québec – Programme de crédit d'impôt
pour l'édition de livres – Gestion SODEC.

Guides de voyage Ulysse est membre de l'Association nationale des éditeurs de livres.

Note aux lecteurs

Tous les moyens possibles ont été pris pour que les renseignements contenus dans ce guide soient exacts au
moment de mettre sous presse. Toutefois, des erreurs peuvent toujours se glisser, des omissions sont toujours
possibles, des adresses peuvent disparaître, etc.; la responsabilité de l'éditeur ou des auteurs ne pourrait s'engager
en cas de perte ou de dommage qui serait causé par une erreur ou une omission.

Écrivez-nous

Nous apprécions au plus haut point vos commentaires, précisions et suggestions, qui permettent l'amélioration
constante de nos publications. Il nous fera plaisir d'offrir un de nos guides aux auteurs des meilleures contributions.
Écrivez-nous à l'une des adresses suivantes, et indiquez le titre qu'il vous plairait de recevoir.

Guides de voyage Ulysse
4176, rue Saint-Denis, Montréal (Québec), Canada H2W 2M5, www.guidesulysse.com, texte@ulysse.ca

Les Guides de voyage Ulysse, sarl
127, rue Amelot, 75011 Paris, France, www.guidesulysse.com, voyage@ulysse.ca

Catalogage avant publication de Bibliothèque et Archives nationales du Québec et Bibliothèque et Archives Canada

Legault, Alain, 1967 12 juin-
Escale à Las Vegas
(Escale Ulysse)
Comprend un index.
ISBN 978-2-89464-582-6
1. Las Vegas (Nev.) - Guides. I. Titre.
F839.L35L432 2013   917.93'1350434 C2012-942420-X

© Guides de voyage Ulysse inc.
Tous droits réservés
Bibliothèque et Archives nationales du Québec
Dépôt légal – Troisième trimestre 2013
ISBN 978-2-89464-582-6 (version imprimée)
ISBN 978-2-76580-301-0 (version numérique PDF)
Imprimé en Italie

sommaire

↘

le meilleur de
las vegas

las vegas

En **10** images emblématiques

3 Le CityCenter (p. 37)

1 Le panneau qui affiche *Welcome to Fabulous Las Vegas* (p. 29)

4 Les fontaines du Bellagio (p. 57)

2 Le Luxor (p. 32)

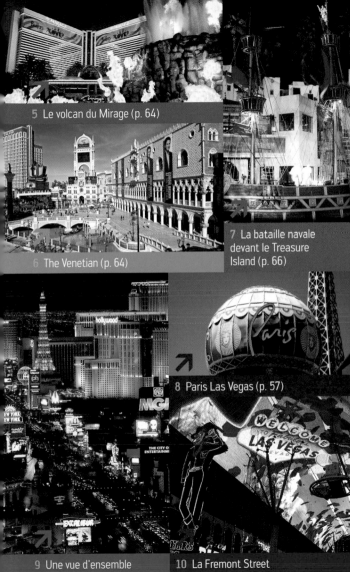

5 Le volcan du Mirage (p. 64)

6 The Venetian (p. 64)

7 La bataille navale devant le Treasure Island (p. 66)

8 Paris Las Vegas (p. 57)

9 Une vue d'ensemble du *Strip* (p. 13)

10 La Fremont Street Experience (p. 104)

En quelques heures

↘ Le jour ou la nuit, une promenade sur le désormais légendaire *Strip* vous initiera au merveilleux monde de la réplique et du factice. Visitez ainsi un peu de Paris, New York, Venise, Miami et pourquoi pas l'Égypte… et ce, en un temps record.

En une journée

Ce qui précède plus…

↘ Un somptueux petit déjeuner buffet à l'Encore ou au Wynn vous fera démarrer parfaitement votre journée d'exploration (p. 125, 126)

↘ Une pause devant les fontaines dansantes du Bellagio (p. 57)

↘ Une visite du CityCenter, ce mégacomplexe de verre et d'acier qui constitue le plus important projet de la planète à avoir obtenu la prestigieuse certification LEED en plus d'abriter de nombreuses œuvres d'art modernes (p. 37)

↘ Un déjeuner au Mesa Grill si la faim vous tenaille (p. 72)

↘ Un peu de lèche-vitrine ou de magasinage au Crystals, aux Miracle Mile Shops, au Fashion Show Mall ou à The Forum Shops at Caesars pour combler toutes les attentes des *shopoholics* (p. 55, 84)

En un week-end

Ce qui précède plus...

↘ Faites une halte au Cosmopolitan pour jeter un coup d'œil sur le chandelier cyclopéen qui surplombe son casino sur trois étages, puis allez prendre un verre au Vesper Bar jouxtant la réception pour admirer les huit colonnes sur lesquelles sont diffusées de fascinantes œuvres d'art numériques qui changent selon les heures du jour (p. 56, 79)

↘ N'hésitez pas à vous faire dorloter dans l'un des nombreux spas du *Strip* (entre autres ceux de l'Aria Resort & Casino, de l'Encore ou de The Venitian) qui proposent une vaste palette de soins innovants et rééquilibrants pour apaiser et tonifier les muscles fatigués (p. 123, 125, 126)

↘ Le soir venu, assistez aux spectacles gratuits devant le Mirage et le Treasure Island, puis courez voir O au Bellagio ou *KÀ* au MGM Grand, deux spectacles à large déploiement et fruits de l'imagination débordante du Cirque du Soleil et dont la réputation n'est plus à faire, ou bien encore le spectacle de Céline Dion (p. 64, 66, 83, 53, 82)

↘ Le deuxième soir, rendez-vous dans le Downtown Area pour voir la Fremont Street Experience (p. 104)

En 10 repères

1 Buffets

Las Vegas se targue d'être la Mecque des buffets. L'idée d'introduire cette formule de restauration économique remonte à 1941 lorsque l'El Rancho Grande, premier casino du *Strip*, décida d'innover en proposant le plantureux Midnight Chuck-Wagon Buffet pour seulement 1$, afin d'inciter les joueurs compulsifs à rester au casino le plus tard possible. Cette initiative remporta un vif succès et fut vite reprise par les autres casinos.

2 *Bugsy* Siegel

Ce gangster avéré était obsédé par l'idée d'ouvrir un hôtel-casino de luxe à Las Vegas pour séduire le gratin de la société hollywoodienne et être admis en son sein, objectif qu'il atteint en 1946 lorsque fut inauguré le très chic Flamingo Hotel. Le succès mit toutefois du temps à se matérialiser, si bien que les «bailleurs de fonds» de Siegel perdirent patience et le liquidèrent moins d'un an plus tard. Le modèle d'hôtel-casino inventé par Siegel devait toutefois finir par faire la richesse de Las Vegas, en même temps qu'il marquait le début de l'influence de la mafia américaine sur *Sin City*.

3 Céline Dion

Après un premier spectacle présenté à guichets fermés pendant cinq ans au Caesars Palace, de 2003 à 2007, la chanteuse québécoise fit

une pause de quelques années. Son pouvoir d'attraction est tel que c'est avec joie que plusieurs ont accueilli la nouvelle de son retour en 2011, allant jusqu'à prétendre que ce nouveau spectacle aiderait la ville à se remettre enfin de la récession. Céline Dion prend ainsi place auprès des autres *performers* légendaires qui ont fait les beaux jours de Las Vegas, de Liberace à Elvis Presley, en passant par Frank Sinatra et son *Rat Pack*.

4 Cirque du Soleil

Le célèbre cirque québécois est devenu l'un des plus actifs producteurs de spectacles à Las Vegas. Parmi les *shows* à grand déploiement créés ici par le Cirque, mentionnons *KÀ*, signé par Robert Lepage, *LOVE*, un hommage hors de l'ordinaire aux Beatles, *Mystère*, à l'affiche depuis 1993, et *O*, dont la scène contient 5,6 millions de litres d'eau.

5 Howard Hughes

L'excentrique millionnaire Howard Hughes, qui a fait fortune dans l'aviation, les télécommunications, l'hôtellerie, l'immobilier… et les casinos, débarque à Las Vegas en 1967 et s'installe au Desert Inn, où il occupe toutes les chambres de l'étage supérieur. Il en vient à acquérir l'établissement au complet, ainsi que plusieurs autres hôtels-casinos en ville. Grâce à lui, plusieurs investisseurs et entreprises respectables décident à leur tour de s'installer à Las Vegas, ce qui contribue à l'époque à réduire l'influence de la mafia.

En **10** repères *(suite)*

6 Mariages

Un nombre impressionnant de couples se marient chaque année dans l'une des nombreuses chapelles érigées à cette fin à Las Vegas, dont certaines se trouvent dans les grands hôtels-casinos. Pourquoi cet engouement ? C'est bien simple, se marier au Nevada demande très peu de démarches ennuyeuses et coûte relativement peu cher si l'on considère toutes les dépenses que peut entraîner un mariage « normal ». Parmi les célébrités qui se sont mariées ici, mentionnons le chanteur Jon Bon Jovi, le joueur de basket Michael Jordan et le couple formé jadis par Demi Moore et Bruce Willis.

7 Monorail

Le monorail constitue la façon la plus efficace de se déplacer d'un casino à l'autre sans voiture et sans devoir suer à grosses gouttes. Le Las Vegas Monorail est le réseau principal avec sept stations le long du *Strip*. Ces stations desservent notamment le MGM Grand, le Bally's/Paris, le Flamingo, le Harrah's/Imperial Palace, le Las Vegas Convention Center et le Hilton. On trouve aussi trois autres réseaux secondaires, soit celui reliant le Bellagio au CityCenter et au Monte Carlo, celui entre le Mirage et le Treasure Island, et celui allant de l'Excalibur au Madalay Bay en passant par le Luxor.

8 *Sin City*

Ce sobriquet, qui signifie «ville du péché», a été attribué à Las Vegas dans les années 1950, alors que la mafia s'était infiltrée dans les casinos, que l'alcool était offert gracieusement aux gros joueurs et que la prostitution était pratiquée sans gêne.

9 Steve Wynn

Las Vegas doit son image contemporaine à ce richissime promoteur. À la fin des années 1970, il s'associa avec Michael Milken pour acheter plusieurs casinos du *Strip* dans le but de les démolir et de les remplacer par des plus gros, mieux adaptés à une clientèle de plus en plus exigeante. Avec son premier mégahôtel-casino, le Mirage, il établit le standard qui sera dorénavant suivi dans l'érection de nouveaux établissements le long du *Strip*.

10 *Strip*

On surnomme ainsi le Las Vegas Boulevard, artère principale bordée sur quelque 5 km par la grande majorité des hôtels-casinos qui font la renommée de la ville. La construction des premiers établissements de ce genre, soit l'El Rancho Grande (1941), The Last Frontier (1943) et le fameux Flamingo Hotel de *Bugsy* Siegel (1946), constitua, sans qu'on le sache alors vraiment, les premières pierres de ce qui allait devenir le célèbre *Strip*.

En 5 expériences uniques

En **10** expériences culturelles

En **5** icônes architecturales

En 5 endroits
pour faire plaisir aux enfants

1 Les lions et leurs lionceaux du MGM Grand (p 36)

2 Les montagnes russes excitantes du New York-New York (p. 35)

3 Le volcan du Mirage qui pète littéralement le feu (p. 64)

4 Le **Siegfried & Roy's Secret Garden and Dolphin Habitat**, qui partage tous les secrets liés aux dauphins et autres animaux d'Asie et d'Afrique (p. 65)

5 Les magnifiques fontaines dansantes du Bellagio (p. 57)

En 5 vues exceptionnelles du *Strip*

1 Depuis la **Stratosphere Tower** (p. 88)

2 Sur la plateforme d'observation de l'Eiffel Tower Experience (p. 61)

3 De la salle à manger du restaurant Mix, au 64e étage du Mandaly Bay (p. 46)

4 De l'intérieur du Ghostbar, au 55e étage du Palms Casino Resort (p. 101)

5 Le soir venu, à partir de la boîte de nuit Moon, au 52e étage du Palms Casino Resort (p. 102)

En **10** hôtels luxueux et *trendy*

1. Le Bellagio, construit sur le modèle du village italien du même nom (p. 124)

2. L'Encore, qui a insufflé un vent de fraîcheur dans l'industrie des cinq-étoiles de la ville lors de son inauguration en 2008 (p. 125)

3. Le Mandalay Bay, à l'exotisme volontairement ambigu (p. 122)

4. THEhotel at Mandalay Bay, pour son luxe à l'état pur, vues spectaculaires en prime (p. 122)

5. The Venetian, qui rivalise de beauté et de prestige avec le Bellagio (p. 126)

6. The Palazzo, pour les bien nantis qui veulent donner un coup de pouce à la planète sans pour autant renoncer au luxe et au confort (p. 126)

7. L'Aria Resort & Casino, une spectaculaire bulle de verre et d'acier qui favorise le design durable (p. 123)

8. Le **Cosmopolitan**, à la fois festif, design, *trendy* et intime (p. 125)

9. Le Mandarin Oriental, une escale urbaine et raffinée qui plaira à coup sûr aux clients exigeants (p. 124)

10. Les SkyLOFTS du MGM Grand (p. 122)

En **5** hôtels offrant un bon rapport qualité/prix

1 L'**Excalibur Hotel and Casino**, qui s'inscrit parfaitement dans la lignée de la première génération des énormes casinos thématiques du *Strip* (p. 121)

2 The Golden Nugget, sans nul doute le meilleur établissement hôtelier du Downtown Area (p. 129)

3 Le Luxor Hotel and Casino, taillé sur mesure pour la ville de la démesure (p. 121)

4 Le Stratosphere Las Vegas, dont les chambres offrent des vues spectaculaires sur le *Strip* et ses environs (p. 127)

5 Le Tropicana, qui s'est récemment offert un remodelage et affiche maintenant un chaleureux *look* qui rappelle le célèbre quartier de South Beach à Miami (p. 121)

En **10** grandes tables

En **5** restaurants offrant un bon rapport qualité/prix

1. Le **Bacio** au Tropicana, pour savourer une cuisine italienne sans prétention (p. 41)

2. Le RA Sushi au Fashion Show Mall, pour picorer des sushis joliment ficelés (p. 70)

3. Le Triple 7 Brewpub dans le Downtown Area, pour s'offrir une cuisine typique de pub avec une touche à l'orientale (p. 105)

4. L'America au New York-New York, pour sa cuisine américaine simple mais copieuse (p. 39)

5. Le Wichcraft au MGM Grand, un petit restaurant qui propose de très bons, et très généreux, sandwichs (p. 39)

En **5** buffets qui se démarquent

1 Le buffet du Bellagio, parmi les meilleurs buffets en ville (p. 124)

2 Pour un buffet pantagruélique qui ne vous laissera pas sur votre faim, offrez-vous celui de l'Aria Resort & Casino (p. 123)

3 Pour goûter à la gastronomie des provinces françaises, pointez-vous au Paris Las Vegas, qui offre aussi un excellent rapport qualité/prix (p. 125)

4 Le buffet de l'Encore ou du **Wynn** pour un repas raffiné dans un décor plutôt somptueux (p. 125, 126)

5 Rien de moins que l'un des meilleurs rapports qualité/prix en ville au Main Street Station Hotel (p. 128)

En **10** incontournables de la vie nocturne

1 L'Eyecandy Sound Lounge & Bar, une boîte de nuit très XXIe siècle destinée aux mordus de nouvelles technologies (p. 48)

2 Le LAX, la boîte de nuit branchée de la populaire chanteuse Christina Aguilera. (p. 49)

3 Le Tao, une boîte de nuit célèbre pour ses baignoires pleines de pétales occupées par de charmantes demoiselles (p. 78)

4 The Bank, un établissement haut de gamme et branché qui attire son lot de célébrités et de *beautiful people* (p. 78)

5 Le Vanity, où la fine fleur des DJ enchaîne les morceaux et superpose les rythmes afin que la tension ne tombe jamais (p. 98)

6 Le **XS**, un écrin feutré à l'éclairage flatteur et au décor opulent qui séduit à coup sûr les noctambules à la page (p. 79)

7 Le Vesper Bar, pour boire un martini ou un verre de vin dans un contexte moderne, huppé et peu banal (p. 79)

8 Le Bond, un *lounge* funky et truffé d'ampoules DEL créant un univers sophistiqué un brin psychédélique (p. 78)

9 Le House of Blues, où il n'est pas rare que des groupes musicaux bien établis accaparent les planches pour s'éclater (p. 49)

10 The Grape, une excellente adresse pour s'adonner aux plaisirs bachiques tout en grignotant un petit plat d'accompagnement (p. 109)

En **5** piscines
pour faire la fête

1 L'Encore Beach Club, pour fréquenter des touristes bien argentés et la jeunesse dorée locale (p. 78)

2 Le Liquid pour faire la fiesta dans une atmosphère digne d'un gigantesque *beach party* (p. 49)

3 Le Tao, pour s'éclater dans une ambiance exotique et festive à souhait (p. 78)

4 Le Rehab, point de ralliement des jeunes dans la vingtaine qui savent faire la fête (p. 98)

5 **Wet Republic**, le QG des belles créatures et des serveuses au galbe avenant (p. 51)

En 5 incontournables du lèche-vitrine

1 Le **Crystals**, une galerie marchande hyper luxueuse qui aligne les grands noms de la mode (p. 55)

2 Le Fashion Show Mall, l'un des plus grands centres commerciaux des États-Unis (p. 84)

3 The Forum Shops at Caesars, qui constituent non seulement un mégacentre commercial, mais aussi une attraction touristique en soi (p. 84)

4 Les Miracle Mile Shops, une galerie marchande au décor agréable qui abrite également l'attraction touristique Rainstorm, un orage pluvieux avec grondement de tonnerre et éclairs (p. 84)

5 Le Town Square, dont l'architecture présente un mélange insolite et agréable qui reflète différents styles allant du méditerranéen au colonial (p. 111)

explorer
las vegas

1 ↘

Au sud du *Strip*

À voir, à faire

(voir carte p. 31)

Le sud de Las Vegas Boulevard, l'artère principale de Las Vegas que l'on surnomme le *Strip*, est situé tout près de l'aéroport McCarran et débute au désormais célèbre panneau qui claironne haut et fort *Welcome to Fabulous Las Vegas*. Cette partie du *Strip* distille une atmosphère unique faite d'une alchimie à base de rêve et de magie, mais aussi de futile, de factice ou de faux, d'éphémère, d'irrationnel, de démesure et de matérialisme débridé. En effet, en mettant les pieds pour la première fois à Las Vegas, vous réaliserez rapidement que «la ville du vice» n'est pas une ville comme une autre. En fait, à bien y penser, Las Vegas n'est résolument pas un lieu comme un autre. Dans la plupart des grandes villes touristiques, les hôtels et les différents lieux d'hébergement sont construits près des attraits touristiques principaux. À l'instar des hôtels situés dans la partie nord et centrale du *Strip*, ceux qui se trouvent à Las Vegas SONT les attraits touristiques principaux. Vous souhaitez pénétrer dans l'antre d'une pyramide égyptienne, revivre l'époque féodale parmi les preux chevaliers de la cour du roi Arthur, avant de visiter New York et South Beach ? Vous préférez visiter le troisième plus grand hôtel du monde ou le plus grand complexe hôtelier certifié LEED de la planète ? Bienvenue dans un univers débridé et résolument alambiqué !

Les oisifs peuvent musarder à leur guise et aller où le vent les pousse. On vous propose un petit itinéraire, à modifier selon votre humeur, qui changera sûrement si vous décidez de visiter Las Vegas durant les mois les plus chauds de l'année, entre juin et septembre.

Le célèbre panneau *Welcome to Fabulous Las Vegas, Nevada*.

Pourquoi ne pas commencer votre balade par le commencement? C'est-à-dire dans la partie la plus méridionale du *Strip*, pour voir une des icônes emblématiques de *Sin City*, le **célèbre panneau ★** [1] où l'on peut lire, depuis des lustres, *Welcome to Fabulous Las Vegas, Nevada*. Le panneau étant un peu excentré, il est préférable de prendre un taxi plutôt que l'autobus pour s'y rendre. Rares en effet sont les films qui, s'étant servis de Las Vegas comme toile de fond, n'ont pas choisi une vue où le panneau de bienvenue en question n'apparaît pas. Ainsi, vous voilà d'emblée dans le décor d'un film de fiction où le mythe et la légende tiennent l'avant-scène.

Restez ensuite du côté ouest du Strip *et marchez vers le nord en passant devant le luxueux Four Seasons,* *pour arriver au chic complexe Mandalay Bay.*

Mandalay Bay ★ [2]
3950 Las Vegas Blvd. S.; voir aussi p. 52, 122

Le Mandalay Bay est conçu autour d'un paradis tropical inexistant de l'Asie du Sud-Est. Le soir venu, vos yeux seront inexorablement rivés sur les différentes statues hybrides bizarres, éclairées par des torches à la flamme vacillante qui donnent à cet hôtel des airs mystérieux.

Le **Shark Reef ★** *(16,95$; dim-jeu 10h à 20h, ven-sam 10h à 23h; 702-632-4555)* est un attrait digne de mention situé à l'intérieur du Mandalay Bay. Cet aquarium abrite quelque 2 000 espèces de poissons colorés, des requins à la dentition pointue, des tortues au regard placide ainsi qu'une ribambelle d'espèces marines appartenant au fascinant monde du silence.

Au sud du *Strip*

Au sud du *Strip*

À voir, à faire ★

1. BZ   Panneau *Welcome to Fabulous Las Vegas*
2. BY   Mandala Bay/Shark Reef
3. BY   Luxor/Titanic: The Artifact Exhibition/Bodies: The Exhibition
4. BX   Excalibur
5. BX   Tropicana/Mob Experience
6. BX   New York-New York/The Roller Coaster
7. BX   MGM Grand/The Lion Habitat/The CSI Experience
8. BX   Showcase Mall/GameWorks
9. BW   Monte Carlo
10. AW   CityCenter

Cafés et restos ●

11. AW   Aria Casino & Resort
     Bar Masa
     Jean Georges Steakhouse
     Julian Serrano
     Lemongrass
12. AW   Crystals
     Todd English P.U.B.
13. BY   Luxor Hotel and Casino
     Tacos & Tequila
14. BY   Mandalay Bay
     Aureole
     Border Grill
     Burger Bar
     China Grill
     Fleur de Lys
     House of Blues
     Red Square
     Rick Moonen's RM Seafood
     Trattoria Del Lupo
15. AW   Mandarin Oriental
     Twist by Pierre Gagnaire
16. BX   MGM Grand
     Diego
     Emeril's New Orleans Fish House
     Joël Robuchon at the Mansion
     L'Atelier
     Nobhill
     Rainforest Cafe
     SEABLUE
     Shibuya
     Wichcraft
     Wolfgang Puck Bar & Grill
17. BW   Monte Carlo
     Andre's
     Dragon Noodle Co.
     The Café
18. BX   New York-New York
     America
     ESPN Zone
     Gallagher
19. BV   Paris Las Vegas
     Eiffel Tower Restaurant
     Mon Ami Gabi
20. BY   THEhotel at Mandalay Bay
     MIX in Las Vegas
21. BX   Tropicana
     Café Nikki
     Bacio

Autres cafés et restos au sud du *Strip*
22. BW   Fat Burger
23. BX   GameWorks Restaurant
24. BW   Harley Davidson Cafe
25. BX   Smith & Wollensky

Bars et boîtes de nuit ☽

26. AW   Aria Casino & Resort
     Gold Boutique Nightclub and Lounge
     Liquid
27. BY   Luxor Hotel and Casino
     CatHouse
     LAX
28. BX   New York-New York
     Bar At Times Square
     Coyote Ugly
     Nine Fine Irishmen
29. BY   Mandalay Bay
     Eyecandy Sound Lounge & Bar
     House of Blues
     MIX in Las Vegas
     Red Square
30. BX   MGM Grand
     Studio 54
     Tabú Ultra Lounge
     Wet Republic
31. BW   Monte Carlo
     The Pub

Autres bars et boîtes de nuit au sud du *Strip*
32. BW   Empire Ballroom
33. BW   Krave

↘ **Suite de la liste p. 32**

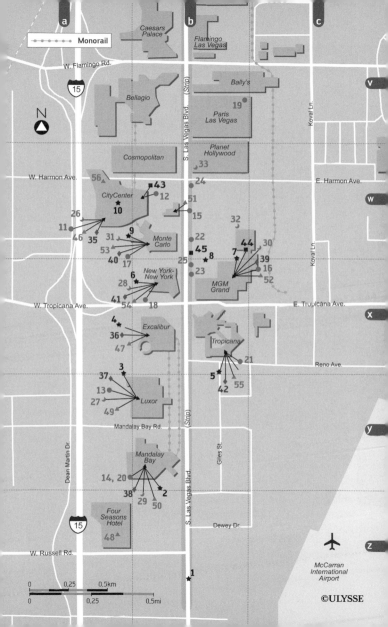

Au sud du Strip

Casinos et salles de spectacle ◆

35.	BW	Aria Resort & Casino *Zarkana*	**40.**	BW	Monte Carlo *Blue Man Group*
36.	BX	Excalibur *Thunder from Down Under*	**41.**	BX	New York-New York *Zumanity, The Sensual Side of* *Cirque du Soleil*
37.	BY	Luxor Carrot Top *CRISS ANGEL Believe*	**42.**	BX	Tropicana Brad Garrett Las Vegas Comedy Club
38.	BY	Mandalay Bay			*Recycled Percussion*
39.	BX	MGM Grand *Crazy Horse Paris* *KÀ*			

Lèche-vitrine ■

43.	BW	Crystals Paul Smith Stella McCartney	**45.**	BW	Showcase Mall M&M's World
44.	BX	MGM Grand Star Lane Shops at MGM			

Hébergement ▲

46.	BW	CityCenter/Aria Resort & Casino	**52.**	BX	MGM Grand
47.	BX	Excalibur Hotel and Casino	**53.**	BW	Monte Carlo
48.	AZ	Four Seasons Hotel	**54.**	BX	New York-New York
49.	BY	Luxor Hotel and Casino	**55.**	BX	Tropicana
50.	BY	Mandalay Bay	**56.**	AW	Vdara Hotel & Spa
51.	AW	Mandarin Oriental			

Prévoyez quelques heures pour visiter le tout. Les plongeurs certifiés qui n'ont pas froid aux yeux pourront participer au **Dive with Sharks Program** *(650$, équipement compris)* : ils nageront nez à nez avec une trentaine de requins dans un bassin de 7 m de profondeur.

Finalement, notez que nous avons appris au moment de mettre ce guide sous presse que le spectacle du Cirque du Soleil Michael Jackson: The Immortal World Tour prendrait l'affiche au Mandalay Bay à compter de mai 2013.

Poursuivez votre chemin vers le nord à pied ou à bord du monorail (gratuit) qui mène rapidement au prodigieusement étrange Luxor.

Luxor ★ ★ ★ [2]
3900 Las Vegas Blvd. S.; voir aussi p. 51, 121

Le Luxor est impossible à manquer, avec son colossal sphinx aux yeux bleus qui prend une pause ostentatoire tout en gardant son imposante pyramide de verre noir. Une fois la nuit tombée, le sphinx semble auréolé d'énergie mystérieuse, et l'on serait porté à croire que la pyramide noire va se transformer

Luxor.

en base intergalactique futuriste balisée par de puissants rayons qui convergent vers le sommet et illuminent le ciel, et qui constitueraient, dit-on, le plus puissant faisceau lumineux du monde.

Toujours au Luxor se trouve ***Titanic*: The Artifact Exhibition ★ ★** *(20$; tlj 10h à 22h; 702-739-2411).* Cette exposition fera le bonheur des amateurs d'histoire et des cinéphiles qui ont aimé le film éponyme. Elle retrace l'histoire tragique du célèbre navire qui coula lentement dans les eaux glacées de l'Atlantique Nord, un soir tranquille d'avril 1912, après avoir heurté un iceberg. Elle présente environ 300 artéfacts provenant de l'épave, entre autres des cartes postales, de la vaisselle ainsi que des bijoux. Les visiteurs peuvent même entrer dans des reconstitutions de cabines de première, deuxième ou troisième classe. Louez un audioguide (disponible en français) pour mieux saisir l'importance de tout ce que vous verrez. Mieux vaut réserver un billet si vous voulez éviter les longues files, sinon arrivez très tôt, avant l'ouverture.

S'y trouve aussi la fascinante et dérangeante **Bodies: The Exhibition ★ ★** *(32$; tlj 10h à 22h).* Composée de véritables corps humains préservés grâce à un procédé de plastification, cette exposition suscite la controverse en raison du flou entourant l'origine des corps exposés.

Continuez ensuite vers le nord en marchant ou en prenant place dans le monorail (gratuit) qui mène à l'Excalibur.

La première fois sur le Strip...

Rien ne vous prépare à une visite sur le *Strip*. Il va sans dire que le spectacle est hors du commun. Imaginez la scène suivante : devant vous, des groupes de touristes en goguette titubent avec des litres d'alcool à la main ou accrochés autour du cou. En sens inverse, des jeunes hystériques parlent fort dans leurs cellulaires en se faisant photographier en compagnie de copies d'Elvis, de Michael Jackson, d'une déclinaison de personnages de Johnny Depp, des membres du groupe Kiss, ainsi que de bien d'autres personnalités connues. Entre-temps, de nombreux Latino-Américains sous-payés sollicitent votre attention en faisant claquer des cartes illustrées de filles qui prennent des poses très explicites avant de vous les tendre illico sous les yeux, et ce, peu importe si vous êtes seul, en couple, entre amis ou en famille... Il s'agit d'une façon agressive d'offrir des services sexuels, d'escorte ou de stripteaseuse. Faites gaffe ! Chaque année, un nombre considérable de touristes se font arnaquer. Même si de nombreuses prostituées offrent leurs services dans les innombrables journaux et magazines offerts gratuitement le long du *Strip* et que plusieurs comtés situés dans les environs de la ville ont légalisé le plus vieux métier du monde, la prostitution demeure interdite à Las Vegas. Sachez donc que s'il vous arrive un pépin, vous n'aurez aucun recours légal. Petit conseil : la meilleure façon d'éviter de se retrouver dans une situation embarrassante est tout simplement de les ignorer et de continuer à marcher.

Excalibur ★ [4]
3850 Las Vegas Blvd. S.; voir aussi p. 51, 121

Il s'agit d'une version drolatique et un brin farfelue d'un coloré château médiéval rappelant vaguement celui du légendaire roi Arthur et de ses chevaliers poursuivant leur quête chimérique du Saint-Graal. Son illumination nocturne retient l'attention en raison de la palette de couleurs qui enjolivent ses tourelles et ses remparts.

À l'est de l'Excalibur, une passerelle mène au Tropicana.

Tropicana [5]
3801 Las Vegas Blvd. S.; voir aussi p. 52, 121

Le Tropicana vient tout juste de subir d'importants travaux de rénovation et est désormais exploité sous le

New York-New York.

leitmotiv de South Beach. Profitez-en pour aller jeter un coup d'œil sur la **Mob Experience** ★ *(25$; tlj 10h à 21h; 702-739-2662)*, une exposition interactive qui permet aux visiteurs de retracer l'ascension et la chute de la mafia qui a contribué à façonner l'image sulfureuse et mythique de la ville telle que nous la connaissons aujourd'hui. Occupant une superficie de quelque 2 400 m², elle présente des artéfacts ayant appartenu à des mafieux notoires tels que Benjamin *Bugsy* Siegel (voir l'encadré à la page 67) et Charlie *Lucky* Luciano. La visite peut facilement durer 2h. Les organisateurs de l'exposition tiennent à préciser que celle-ci ne glorifie ni n'avilit la mafia.

De l'Excalibur, si toutefois vous décidez d'enjamber la passerelle vers le nord, vous vous retrouverez devant le spectaculaire New York-New York.

New York-New York ★★★ [6]
3790 Las Vegas Blvd. S.; voir aussi p. 52, 121
Le New York-New York présente des répliques réduites mais impressionnantes de la statue de la Liberté, du Chrysler Building et du Brooklyn Bridge. S'y trouve aussi **The Roller Coaster** *(14$, 25$ pour un laissez-passer; dim-jeu 11h à 23h, ven-sam 10h30 à 24h; 702-740-6969)*, des montagnes russes excitantes qui roulent à près de 115 km à l'heure.

À l'est du New York-New York et au nord du Tropicana, le colossal MGM Grand dresse son imposante façade verte. Une passerelle relie le New York-New York au MGM Grand.

Au sud du Strip

MGM Grand [7]
3799 Las Vegas Blvd. S.; voir aussi p. 52, 122

Chaussé de sabots surdimensionnés, le MGM Grand abrite **The Lion Habitat** ★★ *(entrée libre; tlj 11h à 19h; 702-891-7777)*. L'emblème de la maison de production hollywoodienne étant le lion, faut-il s'étonner de voir ici une cage vitrée où des lions et des lionceaux vivent « à l'étroit » dans un pseudo-décor tropical ?

Le MGM Grand abrite aussi **The CSI Experience** ★ *(30$; tlj 10h à 22h)*, basée sur la populaire série américaine. Ici, les participants tentent de résoudre l'énigme de trois scènes de crime grâce à des indices trouvés sur place et en appliquant les principes scientifiques et les techniques d'enquête. L'expérience dure entre une heure et 90 min. Une très bonne adresse si jamais vous vous sentez l'âme d'un membre de la police scientifique de Las Vegas !

*Tout juste au nord du MGM Grand, le GameWorks est aménagé à l'intérieur du **Showcase Mall** (voir p. 84).*

GameWorks ★★ [8]
20$/1h, 25$/2h ou 30$/3h; dim-jeu 10h à 24h, ven-sam 10h à 1h; 3785 Las Vegas Blvd., 702-432-4263, www.gameworks.com

GameWorks est le produit du partenariat entre Steven Spielberg et Sega. Résultat : des gamins et des adolescents surexcités s'amusent comme des fous au milieu de plus de 200 jeux vidéo de tout poil qui s'étalent sur une surface de plus de 5 000 m². S'y trouve aussi un mur d'escalade de 21,5 m de hauteur dont les parois sont prises d'assaut par des émules de Spider-Man.

1. MGM Grand.
2. CityCenter.

En sortant de l'univers du GameWorks et en regardant vers l'ouest, vous verrez la silhouette du Monte Carlo.

Monte Carlo ★ [9]
3770 Las Vegas Blvd. S.; voir aussi p. 52, 122

Ce casino est inspiré de celui de la principauté de Monaco, sur la Côte d'Azur. Ses entrées sont ornées d'arches, de statues callipyges et de fontaines clapotantes.

Juste à côté du Monte Carlo, votre regard se portera immanquablement vers le colossal CityCenter.

CityCenter ★ ★ ★ [10]
Las Vegas Blvd. entre Tropicana Ave. et Harmon Ave.; voir aussi p. 123

Dans une ville où les casinos rivalisent de gigantisme et d'extravagance, le CityCenter est un fabuleux coup de poker de la société MGM Mirage. Huit architectes de renommée internationale, entre autres Norman Foster, Daniel Libeskind, Cesar Pelli et Rafael Vinoly, ont été mis à contribution pour radicalement transformer le visage de Las Vegas. Inauguré en 2009 au coût de 9 milliards de dollars, ce complexe de verre et d'acier ressemble à un paradoxe architectural au sein d'une ville qui se renouvelle sans cesse au gré des fermetures et ouvertures puisqu'il a été conçu dans une perspective d'avenir. Il constitue en effet le plus important projet de la planète à obtenir la prestigieuse certification LEED (Leadership in Energy and Environmental Design) auprès du Green Building Council, une organisation américaine qui favorise la construction de bâtiments écologiques.

Architecture écolo à Las Vegas?

Affirmer que Las Vegas est la ville de tous les excès est un secret de Polichinelle. La « ville du vice » qui a fleuri en plein désert pour construire des casinos monstres illuminés d'une kyrielle de néons exige une quantité d'électricité et d'eau phénoménale. Il va sans dire que Las Vegas fera bientôt face à des problèmes d'approvisionnement en eau. En effet, depuis sa fondation, la ville s'est développée à une vitesse foudroyante afin d'attirer d'innombrables visiteurs. Hélas, la planète se réchauffe, et le lac Mead, qui alimente en eau Las Vegas, risque de s'assécher d'ici 2021 si la ville ne change pas ses habitudes de consommation. Ce n'est donc pas un hasard si Las Vegas mise sur la carte écologique pour assurer sa survie avec l'ouverture du Palazzo en 2008 qui devenait le plus important bâtiment du globe à respecter les principes du développement durable. Puis, un an plus tard, le CityCenter creuse le sillon écologique du Palazzo en obtenant une certification LEED grâce à de nombreuses caractéristiques écologiques. De plus, la ville a également mis en œuvre un système qui lui permet de recycler l'eau gaspillée.

Contrairement aux autres établissements à thème du *Strip*, le City-Center comprend plusieurs édifices à l'architecture contemporaine: l'Aria Resort & Casino et le premier Mandarin Oriental de Las Vegas, trois tours de copropriétés, le Vdara Hotel & Spa et les Veer Towers, et le Crystals, une galerie marchande hyper luxueuse qui abrite la plus grosse boutique Louis Vuitton du globe, ainsi qu'une vingtaine de fontaines fascinantes à écoulement laminaire qui ont été conçues par WET Design, la même entreprise qui a créé les magnifiques fontaines du Bellagio. Qui plus est, les propriétaires du CityCenter ont également investi 40 millions de dollars dans des œuvres d'art, entre autres de Maya Lin, Jenny Holzer et Tony Cragg, qui sont éparpillées au sein du complexe. Pour vous y retrouver, procurez-vous un dépliant à la réception de l'Aria, qui indique où se trouvent les œuvres d'art. Comptez 90 bonnes minutes pour la visite. Un tram gratuit unit tous les édifices du CityCenter.

Wichcraft.

Cafés et restos

(voir carte p. 31)

America $ [18]
New York-New York, 3790 Las Vegas Blvd. S.,
702-740-6451

Le plafond du restaurant America est doté d'une énorme carte des États-Unis sous laquelle les clients s'attablent à toute heure du jour pour faire ripaille. Le menu typiquement américain est fort simple, sans plus, mais copieux.

Fat Burger $ [22]
3763 Las Vegas Blvd. S., 702-736-4733

Les amateurs de bons vieux hamburgers maison, de laits fouettés onctueux et de rondelles d'oignons croustillantes seront sans nul doute comblés ici. Pour ajouter à l'atmosphère pittoresque, un juke-box crache de vieux tubes jamais démodés. Ouvert 24h sur 24.

Wichcraft $ [16]
MGM Grand, 3799 Las Vegas Blvd. S.,
702-891-7777

Petit restaurant au décor contemporain et à l'esthétique minimaliste, Wichcraft offre une belle sélection de sandwichs généreusement farcis au thon ou au porc grillé et servis dans des pains faits maison. Muffins, scones, soupes et salades complètent le menu. Vraiment très bon, décidément copieux et pas cher du tout!

The Café $-$$ [17]
Monte Carlo, 3770 Las Vegas Blvd. S.,
702-730-7777

Resto au décor sans prétention, The Café est un lieu idéal pour se sustenter de délicieux mets sans se ruiner. Le menu affiche un assortiment de plats de viande, de hamburgers et de pizzas, en plus d'un bon choix de petits déjeuners. L'ambiance est décontractée et le service souriant. Ouvert 24h sur 24.

Burger Bar $-$$$$ [14]
Mandalay Bay, 3950 Las Vegas Blvd. S., 702-632-7777

Le menu à la carte du Burger Bar permet de composer son propre hamburger «nouveau genre». Les plus excentriques opteront pour le Fleur Burger 5000 (5 000$; non il ne s'agit pas d'une erreur d'impression), un hamburger préparé avec le célèbre bœuf de Kobe, fourré de foie gras et nappé d'une sauce maison aux truffes onctueuse... En prime, on offre une bouteille de Château Petrus 1990.

ESPN Zone $$ [18]
New York-New York, 3790 Las Vegas Blvd. S., 702-933-3776

L'ESPN Zone est doté d'innombrables télévisions et écrans géants où sont retransmis les événements sportifs de l'heure. Pour calmer la faim, on y sert une belle sélection de pâtes, de steaks et de fruits de mer.

GameWorks Restaurant $$ [23]
3785 Las Vegas Blvd. S., 702-432-4263

À l'intérieur du complexe GameWorks, ce restaurant ne fait pas dans la haute gastronomie, mais saura sans doute satisfaire votre fringale à l'aide d'une cuisine bourrative servie dans une ambiance de bon aloi. L'établissement peut toutefois devenir assez bruyant.

Harley Davidson Cafe $$ [24]
3725 Las Vegas Blvd. S., 702-740-4555

Difficile de manquer le Harley Davidson Cafe avec sa réplique géante d'une Harley sortant de sa façade. Ce n'est évidemment pas une cuisine de grands chefs, mais les plats sont consistants et assez bons. La clientèle, vêtue de blousons de jean et de cuir, se mêle aux touristes curieux.

House of Blues $$ [14]
Mandalay Bay, 3950 Las Vegas Blvd. S., 702-632-7607

Une clientèle trépidante se pointe au House of Blues pour se sustenter de plats cajuns comme un *jambalaya*, un *gumbo* ou un *blues burger* dans une pittoresque demeure décorée de plusieurs éléments de *folk art*.

Rainforest Cafe $$ [16]
MGM Grand, 3799 Las Vegas Blvd. S., 702-891-8580

Au Rainforest Cafe, des cascades d'eau ruissellent, des animaux mécaniques poussent des cris, et des haut-parleurs couplés à des jeux de lumière reproduisent l'éclair et le tonnerre. On ne vient pas ici pour l'expérience culinaire, mais vos gamins seront sans doute ravis d'avaler des aliments gras et salés dans un tel décor conçu pour séduire la jeunesse.

Todd English P.U.B.

Café Nikki $$ [21]
Tropicana, 3801 Las Vegas Blvd. S.,
800-462-8767

Doté d'une salle à manger aux tons clairs et baignée par la lumière du jour, le Café Nikki est un restaurant élégant et contemporain pour prendre le petit déjeuner, le déjeuner, le dîner, et même manger en fin de soirée. La carte offre en effet un bon choix de plats américains et éclectiques qui sauront sûrement calmer une fringale ou satisfaire un gros appétit.

Todd English P.U.B. $$ [12]
Crystals, 3720 Las Vegas Blvd. S.,
702-489-8080

Situé dans le luxueux centre commercial Crystals, le Todd English P.U.B. est un établissement à l'ambiance décontractée où l'on sert des plats variés d'un bon calibre culinaire. Vous pouvez créer votre propre sandwich à partir de différents ingrédients. On y trouve également un *raw bar* et un buffet de fruits de mer.

Tacos & Tequila $$-$$$ [13]
Luxor Hotel and Casino, 3900 Las Vegas Blvd. S., 702-262-5225,
www.tacosandtequilalv.com

Surplombant le hall du Luxor, ce restaurant offre une belle sélection de *tacos* et un choix impressionnant de tequilas. Le copieux brunch du dimanche est une belle occasion de goûter aux *huevos rancheros* en écoutant les sonorités des mariachis.

Bacio $$-$$$ [21]
Tropicana, 3801 Las Vegas Blvd. S.,
800-462-8767

Comme le reste du Tropicana, le Bacio présente un excellent rapport qualité/prix. Ce restaurant pré-

1. Lemongrass.
2. Diego.

pare une délicieuse cuisine italienne classique : pizzas, pâtes et *calzones*. La cave abrite une trentaine de variétés de vins californiens et italiens dont plusieurs peuvent être servis au verre. Sympathique, bon et sans aucune prétention.

Lemongrass $$-$$$ [11]
Aria Resort & Casino, 3730 Las Vegas Blvd. S., 877-230-2742

Lemongrass, qui signifie «citronnelle», propose une cuisine thaïe aux épices délicates et relevées. N'oubliez pas de régler le niveau de «piquant» à votre goût si vous avez du mal à tolérer les épices.

Wolfgang Puck Bar & Grill $$-$$$ [16]
MGM Grand, 3799 Las Vegas Blvd. S., 702-891-3000

Synonyme de cuisine américaine éclectique, le Wolfgang Puck Bar & Grill sert dans une salle à manger spacieuse et colorée de délicieux plats où les produits frais du jour se mélangent avec élégance et originalité.

Border Grill $$$ [14]
Mandalay Bay, 3950 Las Vegas Blvd. S., 702-632-7403

Le Border Grill propose des *quesadillas* et des *tacos* bien relevés, en plus d'un excellent choix de tequilas. S'y trouve aussi une terrasse avec vue sur la piscine du Mandalay Bay.

Dragon Noodle Co. $$$ [17]
Monte Carlo, 3770 Las Vegas Blvd. S., 702-730-7965

Le coloré Dragon Noodle Co. sert une cuisine chinoise fusion et pratique des prix doux. Sous l'œil bienveillant du bouddha souriant qui trône sur le comptoir, les cuistots travaillent avec diligence dans la cuisine à aire ouverte pour concocter des plats qui sauront sans nul doute satisfaire vos papilles gustatives.

⊛Andre's $$$ [17]
Monte Carlo, 3770 Las Vegas Blvd. S., 702-798-7151

Au chic restaurant français Andre's, le chef mitonne une délectable cuisine de l'Hexagone, toujours fraîche, admirablement bien présentée et relevée juste à point. La carte des vins offre un vaste choix de grands crus (surtout des bordeaux). L'établissement est idéal pour un tête-à-tête intime à la table d'Épicure.

China Grill $$$ [14]
Mandalay Bay, 3950 Las Vegas Blvd. S., 702-632-7404

La cuisine du China Grill fusionne l'asiatique avec la française. Les portions sont généreuses et généralement offertes sur une gigantesque assiette disposée au centre de la table où les convives peuvent se servir. En soirée, l'atmosphère s'apparente davantage à celle d'un *nightclub*. D'ailleurs, les sanitaires unisexes ressemblent à des douches où l'on aperçoit la silhouette des clients.

Diego $$$ [16]
MGM Grand, 3799 S Las Vegas Blvd. S., 702-891-7777

Sur l'ardoise de ce restaurant d'un très bon calibre culinaire, les grands

classiques de la cuisine mexicaine sont remis au goût du jour et côtoient d'autres créations délicieusement riches en cholestérol, bien exécutées et joliment présentées dans un espace résolument attrayant. Bon choix de tequilas, mescals et bières. Service empressé et courtois.

Gallagher $$$ [18]
New York-New York, 3790 Las Vegas Blvd. S., 702-740-6450

Avant même que vous poussiez la porte du resto, votre regard sera capté par le comptoir vitré qui expose des morceaux de viande en train de sécher, avant d'être grillés à votre convenance. Décor sobre et classique. Les portions sont généreuses, et le service est avenant.

Au sud du Strip

1

Trattoria Del Lupo $$$ [14]
Mandalay Bay, 3950 Las Vegas Blvd. S.,
702-632-7410

À la Trattoria Del Lupo, pizza au calmar avec menthe et citron, ainsi que prosciutto et melon avec cresson et noisettes comptent parmi les différentes créations originales qui figurent au menu. Les plafonds sont élevés, et le local est très lumineux.

🏵 Julian Serrano
$$$-$$$$ [11]
Aria Resort & Casino, 3730 Las Vegas Blvd. S.,
702-590-7111

Ce restaurant propose un excellent assortiment de tapas tout simplement divines. Pour un plat plus copieux, optez pour l'une des savoureuses paellas. L'ardoise présente aussi un bon choix de plats végétariens servis dans une jolie salle à manger aérée. Carte des vins fort intéressante avec une prédominance espagnole.

Jean Georges Steakhouse $$$-$$$$ [11]
Aria Resort & Casino, 3730 Las Vegas Blvd. S.,
877-230-2742

Ce restaurant éponyme haut de gamme du célèbre chef Jean-Georges Vongerichten est une excellente adresse pour satisfaire votre appétit carnivore. Parmi les points forts du menu, mentionnons le faux-filet non désossé, nappé d'une sauce maison. Décor étincelant, cuisine remarquable et service impeccable.

Mon Ami Gabi $$$-$$$$ [19]
Paris Las Vegas, 3655 Las Vegas Blvd. S.,
702-946-3918

Mon Ami Gabi propose un choix de plats qui s'approchent de celui offert dans les brasseries parisiennes : steak frites, soupe à l'oignon, salade maison et crème brûlée. Côté décor, on se croirait également dans une brasserie de la Ville lumière.

1. Julian Serrano.
2. L'Atelier.

Red Square $$$-$$$$ [14]
Mandalay Bay, 3950 Las Vegas Blvd. S.,
702-632-7407

Le Red Square est facilement recon-
naissable grâce à la statue de Lénine
sans tête de 3 m de hauteur à l'entrée
de l'établissement. La salle à manger
rouge écarlate est élégante et romantique. Le menu propose du bœuf Stro-
ganov, du steak tartare et du caviar.
Plus de 200 choix de vodka.

Rick Moonen's RM Seafood $$$-$$$$ [14]
Mandalay Bay, 3950 Las Vegas Blvd. S.,
702-632-9300

Ce restaurant de poissons et de
fruits de mer mérite une place au
palmarès culinaire de la ville puisqu'il
connaît un véritable succès auprès
d'une clientèle fidèle qui apprécie
une cuisine pour les personnes en
faveur de la gastronomie durable.

L'Atelier $$$-$$$$ [16]
MGM Grand, 3799 Las Vegas Blvd. S.,
702-891-7358

L'Atelier porte bien son nom. Le
célèbre chef Joël Robuchon concocte
ses créations dans une cuisine
ouverte sur la salle à manger, sous
les regards curieux des convives. Ce
concept qui se veut décontracté n'en
demeure pas moins à la hauteur de
la réputation de son chef, lequel propose un menu typiquement français.

SEABLUE $$$$ [16]
MGM Grand, 3799 Las Vegas Blvd. S.,
702-891-3486

Dans une salle à manger contemporaine au décor épuré, les clients
peuvent choisir parmi un délectable
assortiment d'entrées, entre autres
le *ceviche* de pétoncles et la bisque
de homard. La cave renferme une
excellente sélection de vins dont
plusieurs sont vendus au verre.

Au sud du Strip

Au sud du Strip

1. Twist by Pierre Gagnaire.

2. Aureole.

Twist by Pierre Gagnaire $$$$ [15]
Mandarin Oriental, 3752 Las Vegas Blvd. S.,
888-881-9367

Le premier restaurant du chef triplement étoilé Pierre Gagnaire aux États-Unis est perché au 23e étage du Mandarin Oriental. Le menu hexagonal est mâtiné de touches contemporaines. Les tables permettent aux convives de profiter de jolis points de vue sur le *Strip*.

Bar Masa $$$$ [11]
Aria Resort & Casino, 3730 Las Vegas Blvd. S.,
877-230-2742

Vous avez gagné le gros lot au casino et vous aimeriez vous payer la traite dans un restaurant de haute volée qui élabore une cuisine japonaise moderne de renommée internationale? Pour une expérience unique et complètement hors de prix, rendez-vous au Bar Masa, tenu par le chef triplement étoilé Masayoshi Takayama... Une adresse pour les très grandes occasions.

MIX in Las Vegas $$$$ [20]
THEhotel at Mandalay Bay, 3950 Las Vegas
Blvd. S., 702-632-9500

Le restaurant du réputé chef français Alain Ducasse propose un menu qui affiche des classiques français et américains avec une touche multiethnique inspirée. La salle à manger présente un impressionnant décor futuriste.

Aureole $$$$ [14]
Mandalay Bay, 3950 Las Vegas Blvd. S.,
702-632-7401

Au chic resto de Charlie Palmer, l'Aureole, les serveuses rivalisent avec le menu en tant que vedettes du restaurant. Elles sont munies d'un harnais et descendent la bouteille de vin de votre choix d'un cellier vitré comportant environ 10 000 bouteilles, sur quatre niveaux et 13 m de hauteur. Le menu propose une cuisine américaine moderne.

Eiffel Tower Restaurant $$$$ [19]
Paris Las Vegas, 3655 Las Vegas Blvd. S., 702-948-6937

Huit étages au-dessus du casino Paris Las Vegas, l'Eiffel Tower Restaurant est un établissement tiré à quatre épingles dont le menu, écrit en français, propose les classiques de l'Hexagone. En soirée, la fenestration permet aux convives de jouir d'une vue spectaculaire sur le *Strip*, ce qui confère au restaurant un cachet romantique à souhait.

Emeril's New Orleans Fish House $$$$ [16]
MGM Grand, 3799 Las Vegas Blvd. S., 702-891-7374

La carte du restaurant Emeril's comprend essentiellement des plats cajuns de la Louisiane que l'on savoure dans une salle à manger qui prend des allures du Vieux Carré français, à La Nouvelle-Orléans. Plus de 1 000 grands crus noircissent la carte des vins.

Fleur de Lys $$$$ [14]
Mandalay Bay, 3950 Las Vegas Blvd. S., 702-632-9400

La carte du Fleur de Lys met au goût du jour les grands classiques de l'Hexagone. La très belle carte des vins est en harmonie avec la finesse de la cuisine et du décor. Le personnel tiré à quatre épingles offre un excellent service.

☞ Joël Robuchon at the Mansion $$$$ [16]
MGM Grand, 3799 Las Vegas Blvd. S., 702-891-7925

Le second restaurant du célèbre Joël Robuchon est une véritable ode à la cuisine française, qui s'accompagne d'une liste de quelque 750 vins. Son décor rappelle l'intérieur d'un manoir français du XXe siècle.

Nobhill $$$$ [16]
MGM Grand, 3799 Las Vegas Blvd. S., 702-891-7337

La cuisine du Nobhill a élaboré un menu inspiré des meilleurs restaurants de la Bay Area san-franciscaine. Tables dressées avec goût, décor raffiné et service impeccable, tout est mis en œuvre ici pour offrir aux convives une agréable parenthèse. Les prix sont assez élevés, mais pourquoi ne pas en faire l'expérience si on en a les moyens ?

Au sud du *Strip*

🍴 Shibuya $$$$ [16]

MGM Grand, 3799 Las Vegas Blvd. S.,
702-891-3001

Sur la carte de ce restaurant au décor moderne ultra-séduisant, un impeccable assortiment de sashimis, de tempuras et de sushis côtoie les teppanyakis cuits à point et autres japonaiseries alléchantes. L'établissement offre l'une des plus vastes sélections de sakés des États-Unis, ainsi qu'un bon choix de bières japonaises. *Kampai*!

Smith & Wollensky $$$$ [25]

3767 Las Vegas Blvd. S., 702-862-4100

On y déguste de délicieuses portions pantagruéliques de filet de surlonge, de biftecks d'aloyau ou de côtelettes de porc préparées à la perfection. Après le repas, les convives se retrouvent au *cigar lounge* pour relaxer et discuter tout en prenant un digestif.

Bars et boîtes de nuit *(voir carte p. 31)*

Bar At Times Square [28]

New York-New York, 3790 Las Vegas Blvd. S.,
702-740-6969

Le Bar At Times Square plonge les visiteurs dans une ambiance joyeuse grâce au duo de pianistes dynamiques qui s'en donnent à cœur joie.

CatHouse [27]

Luxor Hotel and Casino, 3900 Las Vegas Blvd. S., 702-262-4228

Une kyrielle de photos érotiques sur les murs partage la mise en scène avec un personnel féminin en lingerie coquine qui se donne en spectacle pour divertir des touristes à la recherche d'une soirée riche en émotions.

Coyote Ugly [28]

New York-New York, 3790 Las Vegas Blvd. S.,
702-740-6330

La clé du succès de cet établissement est très simple : des serveuses sexy se déhanchent de façon suggestive et chantent sur le bar tout en incitant les clients à se remplir la panse.

Empire Ballroom [33]

3765 Las Vegas Blvd. S., 702-737-7376

Cette boîte située derrière le restaurant Smith & Wollensky peut accueillir plus de 1 000 personnes, qui viennent se déhancher sous un immense lustre en cristal et sur la musique des DJ.

Eyecandy Sound Lounge & Bar [29]

Mandalay Bay, 3950 Las Vegas Blvd. S.,
702-632-7777

Cette boîte de nuit est dotée de caméras placées pour vous permettre de satisfaire votre côté voyeur, tandis que les tables à écran tactile créent des messages et des images pour les projeter au-dessus de la piste de danse en temps réel.

Gold Boutique Nightclub and Lounge [26]

Aria Resort & Casino, 3730 Las Vegas Blvd. S.,
702-693-8300

Les fans du King se retrouvent au Gold Boutique Nightclub and

Liquid.

Lounge, dont le décor feutré s'inspire de « Graceland », le mythique domicile d'Elvis à Memphis.

House of Blues [29]
Mandalay Bay, 3950 Las Vegas Blvd. S., 702-632-7607

Au House of Blues, il n'est pas rare que des groupes musicaux bien établis accaparent les planches pour s'éclater. L'acoustique des lieux est résolument excellente !

LAX [27]
Luxor Hotel and Casino, 3900 Las Vegas Blvd. S., 702-262-4529

LAX est une boîte de nuit branchée répartie sur deux niveaux qui appartient en partie à la populaire et controversée chanteuse Christina Aguilera.

Liquid [xx]
Aria Resort & Casino, 3730 Las Vegas Blvd. S., 702-693-8300

Des *beautiful people* convergent vers le Liquid. L'atmosphère festive est digne d'un gigantesque *beach party* au décor dominé par une série de palmiers.

Mix in Las Vegas [29]
Mandalay Bay, 3950 Las Vegas Blvd. S., 702-632-9500

Situé au 64e étage du Mandalay Bay, le restaurant **Mix** (voir p. 46) se métamorphose en bar à la brunante. Idéal pour un apéro en début de soirée ou un flirt nocturne en dégustant un cocktail détonant.

1. Tabú Ultra Lounge.
2. Aria Resort & Casino.

Au sud du Strip

Nine Fine Irishmen [28]
New York-New York, 3790 Las Vegas Blvd. S.,
702-740-6463

Ce pub irlandais a été transporté pièce par pièce et reconstruit dans l'antre du New York-New York. Des musiciens enthousiastes viennent égayer les soirées.

Red Square [29]
Mandalay Bay, 3950 Las Vegas Blvd. S.,
702-632-7407

Doté d'un décor somptueux à l'ameublement d'inspiration russe, le Red Square fait honneur à son nom (place Rouge) en offrant à ses clients une sélection impression-nante de quelque 200 vodkas.

Studio 54 [30]
MGM Grand, 3799 Las Vegas Blvd. S.,
702-891-7254

L'intérieur du Studio 54 tente de recréer l'ambiance du *club* original de Manhattan, avec des foules qui sont toujours aussi belles, et des files d'attente parfois aussi lon-gues.

Tabú Ultra Lounge [30]
MGM Grand, 3799 Las Vegas Blvd. S.,
702-891-7129

L'établissement est très populaire pour ses serveuses ultra-sexy qui poussent à la consommation. La politique de limitation des entrées répond évidemment à un souci d'esthétique.

The Pub [31]
Monte Carlo, 3770 Las Vegas Blvd. S.,
800-311-8999

Une clientèle BCBG s'y pointe pour discuter, grignoter la bouffe typique d'un pub et se partager un pichet de bière brassée sur place. Ambiance conviviale et décontractée.

Wet Republic [30]
MGM Grand, 3799 Las Vegas Blvd. S.

Passé les piscines réservées au commun des mortels de l'hôtel, Wet Republic est la cour de récréation des belles créatures qui veulent faire la fête durant le jour dans un lieu privilégié.

Bars gays

(voir carte p. 31)

Krave [34]
3663 Las Vegas Blvd. S., 702-836-0830

Situé au sud du *Strip*, Krave est l'un de ces bars qui sait plaire à sa clientèle de prédilection. Cette discothèque est toujours pleine à craquer.

Casinos *(voir carte p. 31)*

Aria Resort & Casino [35]
3730 Las Vegas Blvd. S., 866-359-7757, www.arialasvegas.com

Élégant et feutré, le casino de l'Aria tourne le dos au concept traditionnel des casinos de la ville puisqu'il est partiellement baigné par la lumière du jour.

Excalibur [36]
3850 Las Vegas Blvd. S., 702-597-7777, www.excalibur.com

Le casino du gigantesque Excalibur trône dans une ambiance médiévale faite d'armures, d'oriflammes et d'armes antiques qui créent un anachronisme choquant et une atmosphère incongrue.

Luxor [37]
3900 Las Vegas Blvd. S., 702-262-4000, www.luxor.com

Sous l'immense pyramide de verre noir, le casino Luxor étale sa plé-

Au sud du Strip

1. Mandalay Bay.
2. *KÀ*.

thore de machines à sous et de tables de poker dans un environnement de 11 150 m² décoré de hiéroglyphes de l'Égypte pharaonique.

Mandalay Bay [38]
3950 Las Vegas Blvd. S., 702-632-7777,
www.mandalaybay.com

D'une étendue d'un peu plus de 12 500 m², l'élégant et opulent casino du Mandalay Bay est doté de plafonds surélevés, en plus d'être bien aéré et réfrigéré.

MGM Grand [39]
3799 Las Vegas Blvd. S., 702-891-1111,
www.mgmgrand.com

On a presque besoin d'un GPS pour se déplacer sans s'égarer à l'intérieur de l'immense casino du MGM Grand, toujours bondé de *high rollers*, de *beautiful people* et de Monsieur et Madame Tout-le-Monde.

Monte Carlo [40]
3770 Las Vegas Blvd. S., 702-730-7777,
www.montecarlo.com

L'élégant casino du Monte Carlo est l'établissement où les BCBG s'adonnent aux plaisirs du jeu tout en dégustant un martini.

New York-New York [41]
3790 Las Vegas Blvd. S., 702-740-6969,
www.nynyhotelcasino.com

Sans conteste le casino au décor le mieux réussi, le New York-New York reproduit merveilleusement bien des éléments au symbolisme très riche qui évoquent fortement la *Big Apple*.

Tropicana [42]
3801 Las Vegas Blvd. S., 702-739-2222,
www.tropicanalv.com

Le Tropicana est sans doute l'un des rares casinos où l'on peut être assis dans la piscine et s'adonner aux plaisirs du jeu. Petit et intime, l'intérieur se signale par une superbe coupole de verre.

Spectacles

(voir carte p. 31)

Blue Man Group [40]
Monte Carlo, 3770 Las Vegas Blvd. S., 702-730-7777, www.blueman.com

Trois personnages chauves et bleutés font vibrer les spectateurs grâce à leur habileté à ne rien dire de façon éloquente. D'une grande originalité, *Blue Man Group* allie comédie, humour et effets spéciaux.

Brad Garrett Las Vegas Comedy Club [42]
Tropicana, 3799 Las Vegas Blvd. S., 702-693-5555, www.bradgarrettscomedyclub.com

Besoin d'une bonne dose de rire ? Brad Garrett parvient à dérider l'auditoire grâce à un humour ravageur.

Carrot Top [37]
Luxor, 3900 Las Vegas Blvd. S., 702-262-4400, www.carrottop.com

Carrot Top, un humoriste aux cheveux roux flamboyants, explose dans un violent feu d'artifice verbal qui fait crouler de rire les spectateurs toutes les 20 secondes.

CRISS ANGEL Believe [37]
Luxor, 3900 Las Vegas Blvd. S., 702-262-4400 ou 800-557-7428, www.cirquedusoleil.com/believe

CRISS ANGEL Believe plonge les spectateurs dans le monde onirique de la magie et de l'illusion. Bref, un

2

spectacle à l'image de la personnalité rebelle du prestidigitateur.

KÀ [39]
MGM Grand, 3799 Las Vegas Blvd. S., 702-796-9999, www.cirquedusoleil.com/ka

Spectacle du Cirque du Soleil à couper le souffle, où se mêlent ombres chinoises, marionnettes, multimédia et arts martiaux et qui se déroule sur une énorme scène pivotante montée sur un système de vérins hydrauliques.

Recycled Percussion [42]
Tropicana, 3799 Las Vegas Blvd. S., 702-739-2222, www.recycledpercussionband.com

Atypique et bourdonnant d'énergie, *Recycled Percussion* mélange théâtralité, danse, humour et percussions. Les artistes exécutent des chorégraphies sur des rythmes produits par des objets insolites du quotidien pour créer des mélodies étonnantes et entraînantes.

Au sud du Strip

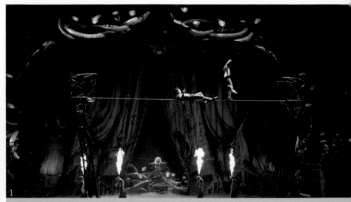

1. *Zarkana.*
2. *Zumanity, The Sensual Side of Cirque du Soleil.*

Zarkana [25]

Aria Resort & Casino, 3730 Las Vegas Blvd S.,
877-253-5847,
www.arialasvegas.com/cirque/zarkana

Nouveau spectacle du Cirque du Soleil à l'affiche depuis novembre 2012, *Zarkana* est un opéra rock de haute voltige qui a déjà séduit Moscou, New York et Madrid. La mise en scène est signée par le Québécois François Girard, et la sonorisation est tout simplement renversante.

Spectacles pour adultes *(voir carte p. 31)*

Crazy Horse Paris [39]

MGM Grand, 3799 Las Vegas Blvd. S.,
702-891-7777

Inspiré de la légendaire brasserie parisienne du Crazy Horse – qui célèbre l'art de la nudité depuis 1951 –, le Crazy Horse Paris présente des filles à la beauté pétrifiante qui sont artistiquement sublimées par un jeu de lumière sous une musique de circonstance.

Thunder from Down Under [36]

Excalibur, 3850 Las Vegas Blvd. S.,
702-597-7600 ou 800-933-1334

Des danseurs sciemment sélectionnés aux sourires carnassiers exhibent leurs muscles longuement travaillés au gymnase. Clientèle majoritairement composée de femmes en quête d'un nouveau frisson et de jeunes filles hystériques qui fêtent l'autorisation de boire en public.

Zumanity, The Sensual Side of Cirque du Soleil [41]

New York-New York, 3790 Las Vegas Blvd. S.,
888-696-9887

Ce spectacle représente, comme l'indique son nom anglais, «le côté sensuel du Cirque du Soleil». Un brin affriolant, un peu érotique, résolument coquin.

Lèche-vitrine

(voir carte p. 31)

Centres commerciaux

Crystals [43]
CityCenter, 3750 Las Vegas Blvd. S., 702-590-5570, www.crystalsatcitycenter.com
Cette galerie marchande hyper luxueuse et très design aligne les grands noms de la mode: Bulgari, Hermès, Prada, Van Cleef & Arpels et Versace, ainsi que la plus importante boutique Louis Vuitton du globe.

Star Lane Shops at MGM [44]
MGM Grand, 3799 Las Vegas Blvd. S., 702-891-1111
Les Star Lane Shops se présentent comme le centre commercial du MGM Grand. Le centre compte de nombreuses boutiques et plusieurs restaurants en tous genres. Les cinéphiles qui ont un faible pour les produits dérivés des films de la célèbre maison de production MGM y trouveront sûrement leur compte.

Curiosités

M&M's World [45]
Showcase Mall, 3785 Las Vegas Blvd. S., 702-736-7611
Si une envie de chocolat vous tenaille, pointez-vous dans le merveilleux monde des M&M, dédié,

2

bien entendu, aux célèbres bonbons qui portent ce nom.

Vêtements

Paul Smith [43]
Crystals, 3750 Las Vegas Blvd. S., 702-796-2640
Ceux et celles qui sont à la recherche de produits inattendus et éclectiques pousseront certainement la porte de cette boutique à l'image de son créateur.

Stella McCartney [43]
Crystals, 3750 Las Vegas Blvd. S., 702-798 5102
Située au deuxième étage du centre commercial Crystals, la boutique de Stella McCartney continue de devenir la destination privilégiée du *shopping* «écochic».

Au sud du Strip

2 ↘

Au centre du *Strip*

À voir, à faire

(voir carte p. 59)

Vous désirez saluer la statue de la Liberté ou sillonner en gondole les eaux du Grand Canal de Venise ? Peut-être préféreriez-vous monter au sommet de la tour Eiffel, vous aventurer dans un paradis tropical, observer un volcan cracher ses entrailles ou regarder des pirates livrer bataille à des sirènes affriolantes, en plus de visiter un hôtel-casino résolument contemporain et tourné vers l'avenir ? Le centre du *Strip* vous permet de réaliser tous ces fantasmes. Produit éminent de l'impérialisme américain, cette partie du *Strip* est un méga bric-à-brac architectural qui semble sorti tout droit d'une bande dessinée pour adultes, au cœur d'une des grandes villes les plus étranges des États-Unis.

Le très design et luxueux Cosmopolitan se dresse tout en hauteur au nord du CityCenter.

The Cosmopolitan of Las Vegas ★★ [1]

3708 Las Vegas Blvd. S., voir aussi p. 81, 125

Tranchant avec les casinos érigés selon des thématiques disneyesques, le Cosmopolitan est un établissement hors du commun selon les normes de Las Vegas et mérite la visite ne serait-ce que pour jeter un coup d'œil sur le **chandelier cyclopéen** ★★★ qui surplombe son casino sur trois étages. N'hésitez pas à pousser la visite jusqu'à la réception pour admirer les huit colonnes sur lesquelles sont diffusées de fascinantes **œuvres d'art numériques** ★★★ qui changent selon les heures du jour.

Au nord du Cosmopolitan, sur le même côté du Strip, se trouve le splendide Bellagio.

Paris Las Vegas.

Au centre du Strip

Bellagio ★★★ [2]

3600 Las Vegas Blvd. S.; voir aussi p. 80, 124

Le Bellagio n'est pas sans rappeler le village italien qui porte ce nom en bordure du lac de Côme. Avis aux aficionados d'art, la **Bellagio Gallery of Fine Art** ★★ *(15$; dim-jeu 10h à 18h, ven-sam 10h à 21h; 702-693-7871)* présente des expositions permanentes et temporaires d'artistes de renommée internationale: Pierre-Auguste Renoir, Pablo Picasso, Edgar Degas...

Également au Bellagio, le **Conservatory & Botanical Gardens** ★★ *(entrée libre; tlj, 24h sur 24)* est un jardin botanique agrémenté de ponts, d'étangs et de fontaines. On y présente des expositions qui changent en fonction des saisons et des jours de fête, notamment à Noël et au Nouvel An chinois.

Sous aucun prétexte il ne faut manquer le spectacle des **Fountains of Bellagio** ★★★ *(entrée libre; lun-ven aux 30 min de 15h à 20h, aux 15 min de 20h à 24h, sam-dim aux 30 min de 12h à 20h et aux 15 min de 20h à 24h)*, donné sous les airs de 10 chansons jouant à tour de rôle qui, à coup sûr, vous fera tomber des nues et vous charmera.

***

En face du Bellagio se dresse le Paris Las Vegas.

Paris Las Vegas ★★★ [3]

3655 Las Vegas Blvd. S.; voir aussi p. 80, 125

Le Paris Las Vegas est un digne représentant de la Ville lumière. Impossible de manquer la réplique de la tour Eiffel qui dresse sa silhouette caractéristique à l'horizon.

Au centre du *Strip*

À voir, à faire ★

1. AY The Cosmopolitan of Las Vegas
2. AX Bellagio/Bellagio Gallery of Fine Art/Conservatory & Botanical Gardens/Fountains of Bellagio
3. BY Paris Las Vegas/The Eiffel Tower Experience
4. AX Caesars Palace/Forum Shops
5. BX Imperial Palace/The Auto Collections
6. BW The Venetian/gondoles/Madame Tussaud's Wax Museum
7. AW Mirage/volcan/Siegfried & Roy's Secret Garden and Dolphin Habitat
8. BW Treasure Island/Sirens of TI

Cafés et restos ●

9. BX Bally's
   Bally's Steakhouse
10. AX Bellagio
    Jasmine
    Jean-Philippe Patisserie
    Le Cirque
    Osteria del Circo
    Picasso
    Prime
11. AX Caesars Palace
    Beijing Noodle No. 9
    Bradley Ogden
    Guy Savoy
    Hyakumi
    Mesa Grill
    Payard Patisserie & Bistro
    Serendipity 3
12. CV Encore
    Sinatra's
    Switch Steak
13. BV Fashion Show Mall
    RA Sushi
14. BX Flamingo Las Vegas
    Hamada of Japan
15. AW Mirage
    BLT
16. BW Palazzo Hotel
    Carnevino
17. AY The Cosmopolitan of Las Vegas
    China Poblano
    Comme Ça
    Estiatorio Milos
    Pizzeria
18. AW The Forum Shops
    Chinois
    Spago
    The Cheesecake Factory
19. BW The Venetian
    B and B Ristorante
    Bouchon
    Delmonico Steakhouse
    Pinot Brasserie
    Zeffirino
20. BV Wynn Las Vegas
    Bartolotta Ristorante di Mare
    Red 8
    Wing Lei

Autres cafés et restos au centre du *Strip*

21. BX Battista's Hole in the Wall

Bars et boîtes de nuit ☽

22. AX Bellagio
    The Bank
23. AX Caesars Palace
    Cleopatra's Barge
    Pure
    Shadow Bar
24. CV Encore
    Encore Beach Club
    XS
25. AW Mirage
    Beatles REVOLUTION Lounge
26. AY The Cosmopolitan of Las Vegas
    Bond
    The Chandelier
    Vesper Bar
27. BW The Venetian
    Tao
28. BV Wynn Las Vegas
    Tryst Nightclub

 Suite de la liste p. 60

Au centre du *Strip (suite)*

Au centre du Strip

Casinos et salles de spectacle ◆

29.	BX	Bally's
		Jubilee!
30.	AX	Bellagio
		O
31.	AX	Caesars Palace
		Céline
32.	BX	Flamingo Las Vegas
		Nathan Burton Comedy Magic
33.	BW	Harrah's
		Legends in Concert
		Mac King Comedy Magic Show
		The Improv At Harrah's
34.	BX	Imperial Palace
		Frank Marino's Divas Las Vegas
35.	AW	Mirage
		LOVE

36.	BY	Paris Las Vegas
37.	BY	Planet Hollywood
		BeatleShow!
		Peepshow
38.	AY	The Cosmopolitan of Las Vegas
39.	BW	The Venetian
		Rita Rudner
40.	BW	Treasure Island
		Mystère
41.	BV	Wynn Las Vegas
		Le Rêve

Autres spectacles et *stripclubs* au centre du *Strip*

42.	CY	Club Paradise

Lèche-vitrine ■

43.	AX	Bellagio
		Fred Leighton
		Via Bellagio
44.	AX	Caesars Palace
		The Forum Shops at Caesars
		Agent Provocateur
		Apple Store
		Betty Page
		Christian Audigier
45.	CV	Encore
		The Esplanades at Encore
46.	BV	Fashion Show Mall
47.	BY	Miracle Mile Shops
		Betty Page
		Build-A-Bear Workshop
		Frederick's of Hollywood
		H&M

		Sephora
		True Religion Brand Jeans
48.	BW	Palazzo
		The Shoppes at the Palazzo
49.	BZ	Showcase Mall
50.	AY	The Cosmopolitan of Las Vegas
		The Shops at The Cosmopolitan of Las Vegas
		Molly Brown's Swimwear
51.	BW	The Venetian
		The Grand Canal Shoppes
		Sephora
52.	BV	Wynn Las Vegas
		The Esplanades at Wynn and Encore
		Manolo Blahnik

Hébergement ▲

53.	AX	Bellagio
54.	AX	Caesars Palace
55.	CV	Encore
56.	BX	Flamingo Las Vegas
57.	AW	Mirage
58.	BY	Paris Las Vegas

59.	BY	Planet Hollywood
60.	AY	The Cosmopolitan of Las Vegas
61.	BW	The Palazzo
62.	BW	The Venetian
63.	BW	Treasure Island
64.	BV	Wynn Las Vegas

Caesars Palace.

S'y trouvent aussi l'Arc de triomphe, le Palais Garnier, le parc Monceau et la sympathique rue de la Paix. L'intérieur est décoré de sculptures Art nouveau et de copies de tableaux d'impressionnistes français.

La ville de Las Vegas s'est une fois de plus surpassée en créant une réplique de la tour Eiffel dont l'authenticité atteint de nouveaux sommets. S'élevant à 150 m, soit la moitié de la hauteur de la vraie tour Eiffel, la tour éponyme de la capitale du jeu est d'un réalisme déconcertant. **The Eiffel Tower Experience** ★ *(10,50$ jusqu'à 19h15, 15,50$ en soirée; tlj 10h à 1h; 702-946-7000)* permet de se rendre sur la plateforme d'observation qui offre une vue magnifique.

Un peu plus loin à l'ouest du Paris Las Vegas, ceux et celles qui désirent s'imbiber d'une ambiance gréco-romaine kitsch à souhait peuvent jeter un coup d'œil sur le retentissant Caesars Palace.

Caesars Palace ★★ [4]
3570 Las Vegas Blvd. S.; voir aussi p. 80, 124

Ce casino est décoré dans le style de l'Empire décadent. On pourrait affirmer sans ambages que le Caesars Palace a largement contribué au rêve des iconolâtres de Las Vegas lorsqu'il fit son apparition en 1966. Et si vous croyez avoir tout vu, rendez-vous à l'intérieur de sa galerie marchande. Le **Fall of Atlantis Fountain Show in the Forum Shops** ★★ *(entrée libre; tlj aux heures entre 10h à 23h; 3500 Las Vegas Blvd. S., 702-731-7110)*

Au centre du Strip

Les mariages

À Las Vegas, un nombre impressionnant de couples s'échangent mutuellement chaque année un «oui» consentant tout en se mettant l'anneau au doigt. Pourquoi cet engouement? C'est bien simple, se marier au Nevada demande très peu de démarches ennuyeuses et coûte relativement peu cher si l'on considère toutes les dépenses que peut entraîner un mariage «normal». Qu'est-ce que ça prend? D'abord, il faut présenter une pièce d'identité qui atteste que vous avez au moins 18 ans (passeport ou extrait de naissance). Il faut prévoir 60$ pour vous faire délivrer une autorisation officielle par la **Clark County Clerk Marriage Services Division** *(tlj 8h à 24h; 201 E. Clark Ave., 702-671-0600, www.clarkcountynv.gov/visitors)*. Finalement, il faut se diriger vers une des nombreuses chapelles se dressant sur le *Strip* ou se rendre dans l'une de celles qui se trouvent dans les grands hôtels-casinos. Voici quelques chapelles où vous pourrez officialiser votre relation amoureuse:

A Special Memory Wedding Chapel
800 S. Fourth St., 702-384-2211 ou 800-962-7798, www.aspecialmemory.com

Cette chapelle organise de nombreuses cérémonies à thème. Et si vous faites partie des couples trop fatigués pour descendre de leur voiture pour se rendre à l'autel, sachez que vous pouvez même échanger vos vœux au *drive-in*!

Graceland Wedding Chapel
619 Las Vegas Blvd. S., 702-382-0091 ou 800-824-5732, www.gracelandchapel.com

Comme son nom l'indique, vous pouvez vous marier ici dans la thématique du *King*. Cette chapelle existe depuis plus de 50 ans.

A Little White Wedding Chapel
1301 Las Vegas Blvd. S., 702-382-5943 ou 800-545-8111, www.alittlewhitechapel.com

Cette chapelle a acquis une belle réputation en raison de la notoriété des personnages qui s'y sont mariés. On compte notamment Demi Moore et Bruce Willis (mariés en 1987 et divorcés en 2000), de même que Michael Jordan et Juanita Vanoy (mariés en 1988 et divorcés en 2007) ainsi que Joan Collins et Peter Holm (leur mariage a duré un an: 1985-1986).

The Auto Collections, Imperial Palace.

ajoute à l'incongru et mérite sans conteste une place de choix dans le genre. Même si vous n'achetez rien au centre commercial The Forum Shops, vous avez là une attraction touristique en soi. On s'enfonce dans une reconstitution d'avenues parsemées de statues de dieux grecs et romains et de fontaines à l'architecture inspirée de l'époque romaine. Parmi ce panthéon de copies de statues antiques, on retrouve celle de Bacchus entouré de quelques dieux romains. Tout à coup, on tamise les lumières, le tonnerre gronde et, contre toute attente, les statues s'animent et parlent, donnant un spectacle son et lumière étrange qui plonge pendant une dizaine de minutes le spectateur dans une sorte de cité légendaire virtuelle qui aurait surgi de l'Atlantide. Bref, c'est un spectacle bizarre et haut en couleur qui en met plein la vue.

Au sortir du palais de Caesars, dirigez vous vers le nord: l'Imperial Palace se dresse de l'autre côté de la rue.

Imperial Palace [5]
3535 Las Vegas Blvd. S.; voir aussi p. 80

L'imperial Palace ne paie pas de mine, mais il abrite **The Auto Collections** ★ ★ *(entrée libre; tlj 10h à 18h; 3535 Las Vegas Blvd. S., 702-794-3174, www.autocollections. com)*, qui propose un florilège de voitures anciennes, singulières et hors série.

À la sortie de l'Imperial Palace, restez sur le Strip et dirigez-vous vers le nord où vous trouverez un autre morceau d'Italie transposé à Las Vegas, The Venetian.

Au centre du Strip

The Venetian.

Au centre du Strip

The Venetian ★ ★ ★ [6]
3355 Las Vegas Blvd. S.; voir aussi p. 81, 126

Vous reconnaîtrez facilement la reconstitution de la tour de l'horloge de la place Saint-Marc et du palais des Doges avec sa magnifique façade ornée d'arcades qui évoquent admirablement bien l'architecture de Venise. Ceux et celles qui ont toujours voulu voguer allègrement sur des **gondoles** ★ *(16$; durée: 30 min; dim-jeu 10h à 23h, ven-sam 10h à 24h; 702-414-4300)*, conduites par des mecs coiffés du traditionnel feutre italien et habillés du chandail rayé noir et blanc, peuvent s'épargner ici un billet d'avion vers l'Italie (charme en moins).

The Venetian abrite aussi le **Madame Tussaud's Wax Museum** ★ *(26$; dim-jeu 10h à 21h30, ven-sam 10h à 22h30; 702-862-7800, www.madametussauds.com/LasVegas)*. Frère jumeau de celui de Londres, mais en plus petit, il est divisé en différentes salles d'exposition thématiques qui présentent plus de 100 modèles en cire de personnalités connues.

Face au Venetian se dresse le Mirage.

Mirage [7]
3400 Las Vegas Blvd. S.; voir aussi p. 80, 125

Le Mirage a projeté Las Vegas dans l'orbite hollywoodienne grâce à son **volcan** ★ ★ ★ *(entrée libre; tlj 19h à 24h, éruption toutes les heures)* qui crache ses entrailles une fois la nuit tombée. De nombreux badauds incrédules se grattent la tête devant ce spectacle qui leur en met résolument plein la vue.

Steve Wynn

Las Vegas doit son image contemporaine à l'homme le plus puissant du Nevada, le richissime promoteur Steve Wynn. Vers la fin des années 1970, Steve Wynn n'était qu'un jeune cadre ambitieux qui s'occupait du Golden Nugget. Puis il s'associa avec Michael Milken pour créer un nouveau prototype de complexe hôtelier axé sur la famille. Ensemble, ils achetèrent plusieurs casinos sur le *Strip*, entres autres le Castaways et le Silver Slipper, simplement pour les détruire afin d'en reconstruire de plus gros et des mieux adaptés pour les besoins d'une clientèle de plus en plus exigeante. Son premier hôtel, le Mirage, avec son désormais célèbre volcan, connut un vif succès qui mena à une vague de destruction des établissements jugés obsolètes. Depuis, le Bellagio se dresse sur la propriété du Dunes et le Venetian sur celle du Sands. Bref, Wynn a clairement établi les nouveaux standards pour les casinos du troisième millénaire.

Après avoir vendu ses parts au géant MGM Grand, Steve Wynn a racheté le Desert Inn, rendu célèbre par Howard Hughes, afin d'ériger en lieu et place deux établissements encore plus luxueux que le Bellagio: le Wynn et l'Encore Las Vegas.

Au centre du Strip

Toujours au Mirage, le **Siegfried & Roy's Secret Garden and Dolphin Habitat** ★ *(20$; tlj 10h à 19h; 702-791-7188, www.miragehabitat. com)* n'est pas un spectacle aquatique de dauphins; il s'agit plutôt d'une visite guidée visant à mieux familiariser les visiteurs avec ces sympathiques mammifères marins. Passé l'immense piscine des dauphins, on pénètre dans le **Secret Garden** ★★. Muni d'un audioguide, on se balade dans un environnement tropical pour observer les animaux exotiques des illusionnistes Siegfried & Roy, entre autres des tigres blancs, une panthère noire, un léopard et des lions.

Au nord du Mirage se trouve l'un des hôtels-casinos emblématiques du Strip, le Treasure Island.

Au centre du Strip

Pizzeria.

Treasure Island [8]
3300 Las Vegas Blvd. S.; voir aussi p. 81, 124

Le Treasure Island est connu grâce à la spectaculaire bataille navale intitulée **Sirens of TI** ★★ *(entrée libre; tlj à 19h, 20h30, 22h et 23h30; 702-894-7111)* qui a lieu dans une crique bordant le *Strip*. Au programme, des pirates patibulaires et des corsaires baraqués succombent au charme de sirènes affriolantes qui exsudent un charme mystérieux. Sans trop vendre la mèche (ce qui gâcherait sans doute votre plaisir), voici un aperçu de ce qui vous y attend : musique tonitruante, explosions spectaculaires et mise en scène qui prend des allures de vidéoclip pour adolescents en quête d'identité. Arrivez tôt pour bénéficier d'une bonne vue ou attablez-vous au restaurant de l'hôtel pour admirer le spectacle.

Cafés et restos

(voir carte p. 59)

Jean-Philippe Patisserie $ [10]
Bellagio, 3600 Las Vegas Blvd. S., 702-693-8788

Les «cacaophiles» qui veulent s'accorder une pause café et chocolat voudront certainement s'arrêter ici. Il suffit de repérer la splendide fontaine de chocolat qui attire autant les curieux que les becs sucrés à la recherche de biscuits, crêpes et gâteaux diablement délirants. On y sert également des salades et des sandwichs.

Pizzeria $ [17]
The Cosmopolitan of Las Vegas, 3708 Las Vegas Blvd. S., 702-651-2432

Située à l'étage où se trouvent tous les restaurants du Cosmopolitan, cette pizzeria est une adresse

Benjamin **Bugsy** *Siegel*

De toute évidence, le destin de Las Vegas a basculé vers le futur scintillant des villes américaines les plus prospères grâce à la persévérance du gangster notoire Benjamin *Bugsy* Siegel. L'histoire raconte qu'autour de 1945 Siegel rêvait d'ériger un hôtel-casino pour séduire le gratin de la société et être admis en son sein. Fort en gueule, il parvint à emprunter un million de dollars à quelques-uns de ses acolytes du monde interlope (entres autres Lucky Luciano et Meyer Lansky) pour financer son mégaprojet. La Seconde Guerre mondiale se terminait; par conséquent, les matériaux de construction nécessaires à l'érection de son palace étaient des denrées rares et coûteuses. Le projet initial devait coûter un million de dollars. Lorsque les travaux furent presque achevés, la facture s'élevait déjà à six millions de dollars, une bagatelle !

Il va sans dire que les associés de Siegel n'étaient pas entièrement satisfaits du montant qu'il avait fallu débourser. Malgré tout, l'hôtel déroule le tapis rouge en décembre 1946 pour la brochette de célébrités invitées à parader au gala d'ouverture du Flamingo Hotel. Il fallut toutefois quelque temps avant que d'autres clients ne viennent ici injecter leurs billets verts pour faire marcher l'hôtel.

En effet, la ville de Las Vegas n'était pas encore tout à fait prête pour ce type d'établissement. Ainsi, le Flamingo ferma ses portes dès janvier 1947, pour les rouvrir trois mois plus tard, au mois de mars. Évidemment, l'argent tardait à entrer. La patience n'étant pas une vertu majeure parmi les mafiosi, ces derniers décidèrent de régler définitivement son compte à Siegel.

Dans la nuit du 20 juin 1947, quelqu'un muni d'une arme à feu s'infiltra à l'intérieur de la maison de la copine de Siegel, Virginia Hill, et tira plusieurs projectiles en direction de *Bugsy* Siegel. Quelques secondes plus tard, son corps roidi par la mort gisait dans une mare de sang. À ce jour, ce meurtre n'a jamais été élucidé.

Au centre du *Strip*

indétectable que l'on découvre en longeant un petit couloir dont les murs sont décorés d'innombrables pochettes de 33 tours. L'établissement connaît un véritable succès auprès d'une clientèle qui apprécie tout simplement une délicieuse pointe de pizza à la new-yorkaise. À 4$ la pointe, qui dit mieux?

Payard Patisserie & Bistro $-$$ [11]
Caesars Palace, 3570 Las Vegas Blvd. S., 702-731-7292

Le célèbre chef pâtissier François Payard a déposé ses pénates à Las Vegas. Comme son nom l'indique, il s'agit à la fois d'une pâtisserie et d'un bistro qui sert le petit déjeuner, le déjeuner et le dîner. Dès 6h, les assiettes s'entrechoquent et la machine à café fume, tandis que macarons et autres délicieuses mignardises sortent des fourneaux. Profitez-en pour savourer un cappuccino digne de ce nom.

Serendipity 3 $$ [11]
Caesars Palace, 3570 Las Vegas Blvd. S., 702-731-7373

Pour vous régaler d'un sundae irrésistible ou d'un gâteau au fromage, pointez-vous chez Serendipity 3, situé directement sur le *Strip*. Coquet et sans prétention, ce restaurant est une franchise qui propose hamburgers, hot-dogs au fromage, *nachos*, salades aux croquettes de crabe, pizzas tout feu tout flamme, spaghettis aux

boulettes de viande, sandwichs et pâtes *al dente*.

BLT $$ [15]
Mirage, 3400 Las Vegas Blvd. S., 702-792-7888

Les trois lettres du BLT désignent le classique sandwich composé de bacon, laitue et tomates. Le chef Laurent Tourondel a adapté le concept et propose le bon vieux hamburger décliné sous bien des formes, mais toujours préparé avec de la viande vieillie par un procédé de dessiccation qui permet d'éliminer l'humidité afin que les saveurs puissent s'exprimer pleinement. Une trentaine de bières, un bon choix de laits fouettés, ainsi qu'une carte des vins pour arroser le tout.

Au centre du Strip

1. Serendipity 3.
2. China Poblano.

China Poblano $$ [17]
The Cosmopolitan of Las Vegas, 3708 Las Vegas Blvd. S., 702-651-2432

Le décor du China Poblano est composé d'un bouddha découpé à l'emporte-pièce, de lanternes rouges, d'images de Mao et de Frida Kahlo, ainsi que de néons verts et rouges indiquant que l'établissement sert de la cuisine mexicaine ainsi que de la nourriture chinoise. Installez-vous au bar et observez les cuisiniers préparer des *tacos* ou des *dim sum*, faire sauter des nouilles ou élaborer des *ceviches*.

Battista's Hole in the Wall $$-$$$ [21]
4041 Audrie St., 702-732-1424

Depuis 1970, cette petite gargote à la rusticité italienne dresse sa façade derrière le Flamingo Las Vegas. On ne vient pas ici pour une soirée mondaine, mais, si prendre un bon repas maison italien à l'ancienne dans un local qui ne paie guère de mine ne vous rebute pas trop, allez-y. De vieilles photos rappelant une époque révolue tapissent les murs de l'établissement.

Chinois $$-$$$ [18]
The Forum Shops, 3500 Las Vegas Blvd. S., 702-737-9700

La cuisine à aire ouverte du Chinois concocte une variété de délicieux plats qui varient selon l'inspiration du chef, comme le *Shanghai lobster* (homard de Shanghai), plusieurs variétés de sushis et le tofu croustillant à l'ail accompagné d'épinards, lequel plaira sûrement aux végétariens.

Au centre du *Strip*

Jasmine $$-$$$ [10]
Bellagio, 3600 Las Vegas Blvd. S.,
702-693-7223

Chez Jasmine, on savoure une délicieuse cuisine cantonaise et sichuanaise, agréablement présentée et merveilleusement bien épicée. De grands rideaux élégants, des chandeliers et d'immenses fenêtres s'ouvrent sur le lac artificiel afin que vous puissiez jouir d'une jolie vue durant votre repas.

RA Sushi $$-$$$ [13]
Fashion Show Mall, 3200 Las Vegas Blvd. S.,
702-696-0008

Pour d'excellents échantillons de la cuisine nippone, rendez-vous au RA Sushi pour picorer des sushis joliment ficelés. La cuisine concocte une belle palette de plats servis avec une belle dose d'originalité. En finale, mention spéciale pour la crème glacée à la cannelle enrobée de pâte à tempura, délicatement plongée dans un bain de friture, et servie aussitôt avec un coulis de chocolat et framboise.... Tant pis pour la ligne! Les habitués et les touristes apprécient aussi bien la nourriture que l'addition raisonnable.

Spago $$-$$$ [18]
The Forum Shops, 3500 Las Vegas Blvd. S.,
702-369-0360

Halte gastronomique fort appréciée, le Spago semble s'être donné comme mission d'enjôler vos papilles gustatives en fusionnant la cuisine américaine à celle de l'Hexagone, de l'Italie et de l'Asie.

1

Les déjeuners sont tout simplement exquis, tandis qu'une variété d'assiettes joliment présentées et merveilleusement préparées composent le menu du dîner.

The Cheesecake Factory $$-$$$ [18]
The Forum Shops, 3500 Las Vegas Blvd. S.,
702-792-6888

Le Cheesecake Factory propose une cuisine variée qui plaira à toute la famille, allant des pizzas aux gros hamburgers juteux, en passant par le poulet à l'orange et le *vegetable stir fry* (sauté de légumes), sans bien sûr oublier son grand choix de gâteaux au fromage. Attablez-vous à la terrasse et prenez votre repas devant l'aquarium géant où folâtrent des poissons colorés.

1. Jasmine.
2. Beijing Noodle No. 9.

Bally's Steakhouse *$$$* [9]
Bally's, 3645 Las Vegas Blvd. S., 702-967-7999
N'hésitez pas à pousser la porte du restaurant Bally's Steakhouse si vous êtes friand de gros steaks juteux et cuits juste à point. Le menu comprend bien sûr l'entre-côte et le filet mignon, mais vous fait aussi découvrir de savoureuses assiettes de poisson. De plus, son cadre élégant et la discrétion de son service vous feront passer une soirée des plus agréables.

Delmonico Steakhouse
$$$ [19]
The Venetian, 3355 Las Vegas Blvd. S., 702-414-3737
Autre adresse de prédilection des carnivores, le Delmonico Steakhouse appartient au réputé chef Emeril Lagasse. Dans une salle à manger romantique aux murs blancs domi-nés par une coupole, les convives plongent leurs crocs dans des steaks tendres, juteux, appétissants et relevés juste à point. Très belle carte des vins.

Hamada of Japan *$$$* [14]
Flamingo Las Vegas, 3555 Las Vegas Blvd. S., 702-733-3455
Le menu du restaurant Hamada of Japan affiche les plats traditionnels de sushis, sashimis et tempuras. On y retrouve aussi des mets teriyakis.

Beijing Noodle No. 9 *$$$* [11]
Caesars Palace, 3570 Las Vegas Blvd. S., 877-346-4642
Les convives pénètrent dans ce res-taurant par un corridor séparé par des aquariums volumineux, pour aboutir dans une salle à manger au décor qui fera le bonheur des ama-teurs de design. En effet, la sur-face des murs en acier est ciselée

de motifs floraux rétroéclairés par des ampoules DEL afin de créer un effet visuel plutôt particulier. Côté menu, contrairement à la plupart des restaurants chinois en Amérique, celui-ci se spécialise dans la cuisine du nord de la Chine. Affûtez vos baguettes et goûtez aux nouilles maison servies avec champignons et porc haché !

Mesa Grill $$$ [11]
Caesars Palace, 3570 Las Vegas Blvd. S.,
702-731-7731

La cuisine du sémillant chef Bobby Flay repose sur un habile mélange de goûts et de textures aux goûts explosifs qui sont fortement influencés par le Sud-Ouest américain. Le saumon glacé est tout simplement divin, et les redoutables *quesadillas* sont cuites dans un four exprès. Le restaurant propose une carte des vins qui complète à merveille les saveurs relevées des plats, ainsi qu'une ribambelle de cocktails préparés à partir de plus de 250 variétés de tequila. Service professionnel et avenant.

Red 8 $$$ [20]
Wynn Las Vegas, 3131 Las Vegas Blvd. S.,
888-352-3463

Le Red 8 est un petit bijou qui vous accueille dans un décor tout de rouge et de noir, qui rappelle la terre qui influence son menu, dédié aux délices de la cuisine asiatique et adapté au goût du jour. La carte des thés ravira les amateurs.

1

Bouchon $$$ [19]
The Venetian, 3355 Las Vegas Blvd. S.,
702-414-6200

Tenu par le chef californien Thomas Keller, sans doute le chef américain le plus admiré au pays de l'Oncle Sam grâce à la qualité exceptionnelle de ses deux principaux restaurants, le French Laundry dans la vallée de Napa et le Per Se à New York, Bouchon propose un registre bistrotier qui mêle cuisine américaine moderne et tradition française. On y sert des assiettes soignées, fraîches et joliment présentées. Bien sûr, la carte des vins et le décor, qui comprend entre autres un spectaculaire bar en étain, sont tout à fait à la hauteur de la succulente cuisine.

1. Mesa Grill.
2. Sinatra's.

Sinatra's $$$ [12]

Encore, 3131 Las Vegas Blvd. S., 702-770-3463

Ce romantique restaurant italien rend hommage à Frank Sinatra en revisitant des plats tirés du répertoire culinaire du nord de l'Italie. Sur l'ardoise, le risotto au homard du Maine, accompagné de champignons sauvages et d'huile de ciboulette, côtoie l'«Ossobuco My Way», ainsi que nombre de plats végétariens. Belle carte des vins à la hauteur du menu.

Prime $$$-$$$$ [10]

Bellagio, 3600 Las Vegas Blvd. S., 702-693-8255

Dans la lignée des grilladeries haut de gamme, Prime, un restaurant qui possède beaucoup de caractère, s'enorgueillit d'une salle à manger opulente et feutrée. Les steaks tendres et juteux y sont à l'honneur. Côtelettes de porc et poissons complètent la carte invitante, mais tous les plats sont servis de façon irréprochable. Service sans faille et excellente cave à vin.

Switch Steak $$$-$$$$ [12]

Encore, 3121 Las Vegas Blvd. S., 702-248-3463

Dans ce *steakhouse* aux influences françaises, le décor change d'ambiance environ toutes les 25 min: les murs se rétractent, des chandeliers descendent du plafond, l'éclairage varie, et la musique change de registre. Mis à part la très belle sélection de viandes, le menu affiche également des pâtes et du risotto.

Comme Ça $$$-$$$$ [17]
The Cosmopolitan of Las Vegas, 3708 Las Vegas Blvd. S., 702-698-7910

Cette charmante brasserie française abrite une jolie salle à manger où les convives peuvent observer la tour Eiffel du Paris Las Vegas à travers de grands baies vitrées. Optez pour la généreuse portion de steak tartare, l'os à la moelle délicieusement rôti ou l'alléchante bouillabaisse. La cave renferme une judicieuse sélection de vins français et américains, et l'on y offre aussi un choix de cocktails plus que convaincant, inspirés de la Prohibition. En finale, on propose une dégustation de fromages, une tarte Tatin ou des profiteroles.

Estiatorio Milos $$$-$$$$ [17]
The Cosmopolitan of Las Vegas, 3708 Las Vegas Blvd. S., 877-551-7772

Après avoir séduit Athènes et Montréal, Costas Spiliadis a mis le cap sur Las Vegas. Pour assurer la fraîcheur de ses aliments, le chef exige que ses poissons et fruits de mer soient pêchés en Grèce, pour être ensuite livrés dans la ville du péché dans la même journée. Les amateurs de cuisine grecque ne seront certainement pas déçus.

Hyakumi $$$-$$$$ [11]
Caesars Palace, 3570 Las Vegas Blvd. S., 702-731-7731

Pour s'entrechoquer les baguettes avec classe, le Hyakumi est l'un des meilleurs en son genre. Côté cuisine, ce sont évidement les fleurons de la cuisine nippone qui sont à l'honneur. Un incontournable pour les amateurs de sushis, makis et tempuras. Dans la salle à manger élégante, le service est assuré par des serveuses souriantes vêtues de kimonos.

Guy Savoy $$$$ [11]
Caesars Palace, 3570 Las Vegas Blvd. S., 702-731-7845

Ce restaurant français au décor d'un grand raffinement s'impose sur l'échiquier culinaire de la ville grâce au savoir-faire du chef éponyme Guy Savoy. Il propose une carte revisitant avec maestria les grands classiques de la cuisine française et élabore des assiettes présentées tout en beauté avec un équilibre des saveurs remarquable. La carte des vins est à la hauteur des mets du restaurant. Tout simplement exquis!

Wing Lei $$$$ [20]
Wynn Las Vegas, 3131 Las Vegas Blvd. S., 702-770-3388

Cette escale culinaire chic, zen et feutrée propose des assiettes distinguées et débordantes d'arômes, ainsi qu'une belle sélection de plats préparés à la vapeur. À souligner, le canard à la peau croustillante accompagné de fines échalotes et nappé de sauce *hoisin*, digne de l'art culinaire pékinois. Le service est assuré par un personnel réglé au quart de tour. Une adresse à retenir pour les grandes occasions!

Comme Ça.

B and B Ristorante $$$$ [19]
The Venetian, 3355 Las Vegas Blvd. S.,
702-266-9977

Après les boutiques luxueuses du Venetian, le B and B Ristorante devient le refuge des fines bouches qui ne regardent pas à la dépense. Auréolé d'une ambiance feutrée, ce restaurant appartient à Mario Batali, l'un des chefs-vedettes de la chaîne culinaire Food Network, ainsi qu'à son partenaire et producteur de vins, Joe Bastianich. On y sert une délicieuse cuisine italienne contemporaine. La carte des vins affiche des crus d'une diversité sidérante provenant de toutes les régions de l'Italie.

Carnevino $$$$ [16]
Palazzo Hotel, 3325 Las Vegas Blvd. S.,
702-789-4141

Deuxième restaurant que Mario Batali et son acolyte ont ouvert à Las Vegas, le Carnevino est un *steakhouse* qui sert également des plats italiens de haute voltige. Dans un décor opulent, les convives qui veulent satisfaire leur appétit carnivore peuvent opter pour les plats de viandes biologiques, tendres et grillées à point. Les végétariens peuvent opter pour les délicieuses pâtes maison. Cave à vin percutante aux prix vertigineux.

Bartolotta Ristorante di Mare $$$$ [20]
Wynn Las Vegas, 3131 Las Vegas Blvd. S.,
702-770-3463

Le Bartolotta Ristorante di Mare est l'un des meilleurs restaurants de poissons et de fruits de mer en ville. Pour s'en convaincre, il suffit de s'installer dans la salle à manger feutrée ou à la terrasse avec vue sur le Lake of Dreams du Wynn Las Vegas.

Au centre du *Strip*

Pour assurer la fraîcheur de ses plats, le chef fait venir ses poissons de la Méditerranée chaque jour par avion.

Bradley Ogden $$$$ [11]
Caesars Palace, 3570 Las Vegas Blvd. S., 877-346-4642

L'un des meilleurs chefs en ville, Bradley Odgen se taille une place de choix dans les sphères culinaires de la restauration biologique et locale puisqu'il fait directement ses provisions auprès de petits producteurs agroalimentaires pour garantir des produits frais et nutritifs dans la préparation de sa cuisine californienne. Des tables dressées avec goût, un décor raffiné, un service impeccable, tout est mis en œuvre pour offrir aux convives une agréable parenthèse. La carte des vins est bien fournie et soigneusement choisie. Service diligent et courtois, et prix en conséquence.

Pinot Brasserie $$$$ [19]
The Venetian, 3355 Las Vegas Blvd. S., 702-414-8888

Des portes massives en bois ayant jadis appartenu à un vénérable hôtel du XIXᵉ siècle à Monte Carlo, des chaises capitonnées en cuir, des murs lambrissés et un éclairage tamisé confèrent à ce restaurant branché une atmosphère de bistro parisien un tantinet guindé. Les convives s'offrent du confit de canard, du homard, des moules et des frites ou encore la prise du jour. La carte des vins fera le bonheur des amis de Bacchus.

Le Cirque $$$$ [10]
Bellagio, 3600 Las Vegas Blvd. S., 702-693-8100

Rendez-vous claironnant d'une clientèle résolument branchée et bien argentée, Le Cirque de Las Vegas n'est pas aussi flamboyant et somptueux que celui de New York, mais loge dans un local feutré où le bois d'acajou ajoute à l'ambiance une touche de raffinement supplémentaire. Foie gras sauté, gigot d'agneau de lait provençal et saumon au poivre sauce au vin accompagné de pommes de terre et de brocoli sont notamment au menu. Il y a aussi un menu dégustation pour deux personnes. Le service est irréprochable, et les prix sont exorbitants. N'oubliez pas de vous habiller convenablement, car le code vestimentaire est scrupuleusement respecté.

1. Bradley Ogden.
2. Le Cirque.

Osteria del Circo $$$$ [10]
Bellagio, 3600 Las Vegas Blvd. S.,
702-693-8150

Autre haut lieu gastronomique de Las Vegas, l'Osteria del Circo abrite une salle à manger décorée sensiblement de la même façon que celle de Manhattan, c'est-à-dire aux couleurs vives et festives d'un cirque. La cuisine est fortement influencée par la Toscane, tandis que le service est aussi stylé et avenant qu'à New York.

Picasso $$$$ [10]
Bellagio, 3600 Las Vegas Blvd. S.,
702-693-7223

Certes, les tarifs pratiqués ici sont élevés, mais ils sont largement justifiés si vous êtes en mesure d'apprécier à sa juste valeur la fine cuisine de l'Hexagone fusionnée aux effluves méditerranéens. Le subtil mélange de bois et de brique, rehaussé de tableaux de Picasso sur les murs, confère à la spacieuse salle à manger une ambiance romantique à souhait.

Zeffirino $$$$ [19]
The Venetian, 3355 Las Vegas Blvd. S.,
702-414-3500

Pour titiller vos papilles gustatives à l'italienne, une halte chez Zeffirino s'impose. Situé à l'intérieur des Grand Canal Shoppes, ce restaurant de grand standing est vite devenu le repaire favori des aficionados de fruits de mer. Ceux qui préfèrent les pâtes fraîches et voluptueuses ne seront pas déçus, puisqu'elles sont préparées sur place.

Bars et boîtes de nuit *(voir carte p. 59)*

Beatles REVOLUTION Lounge [25]
Mirage, 3400 Las Vegas Blvd. S.,
702-588-5656

Avec un design créé par le Cirque du Soleil, le Beatles REVOLUTION Lounge fait revivre l'esprit des Beatles avant ou après le spectacle *LOVE*.

Bond [26]
The Cosmopolitan of Las Vegas, 3708 Las Vegas Blvd. S., 702-698-7000

Funky et truffé d'ampoules DEL créant un univers sophistiqué un brin psychédélique, le Bond est un *lounge* tout indiqué pour prendre un verre et regarder les *go-go girls* qui se déhanchent pour le grand plaisir des fêtards.

Cleopatra's Barge [23]
Caesars Palace, 3570 Las Vegas Blvd. S.,
702-731-7110

Cette boîte attire une faune élégamment drapée qui vient danser, prendre un verre et échanger son numéro de téléphone. Si vous avez trop bu, prenez garde de ne pas tomber à l'eau...

Encore Beach Club [24]
Encore, 3121 Las Vegas Blvd. S., 702-770-7300

Durant la saison estivale, le très élégant Encore Beach Club est peuplé par le gotha de la mode et de touristes en maillots de bain qui correspondent aux canons de la beauté classique venus s'éclater en dégustant des cocktails euphorisants.

Pure [23]
Caesars Palace, 3570 Las Vegas Blvd. S.,
702-212-8806

Installée sur deux niveaux, cette boîte de nuit hyper cool est fréquentée par des stars terribles et des jet-setters dans le coup qui viennent s'encanailler jusqu'aux petites heures du matin.

Shadow Bar [23]
Caesars Palace, 3570 Las Vegas Blvd. S.,
702-731-7110

Bar pimpant qui fait le plein de BCBG chaque soir, le Shadow doit son nom aux silhouettes des danseuses au galbe avenant qui donnent l'impression d'être nues derrière la toile de fond du bar.

Tao [27]
The Venetian, 3355 Las Vegas Blvd. S.,
702-388-8588

L'une des boîtes de nuit les plus prisées de Las Vegas, Tao présente un décor asiatique, une gigantesque piste de danse et des prestations musicales en direct.

The Bank [22]
Bellagio, 3600 Las Vegas Blvd. S.,
702-693-8300

Cette boîte de nuit haut de gamme et branchée attire son lot de célébrités et de *beautiful people* qui aiment s'éclater sur les rythmes vibrants de la pop et du hip-hop. Habillez-vous en conséquence.

Au centre du Strip

Beatles REVOLUTION Lounge.

The Chandelier [26]

The Cosmopolitan of Las Vegas, 3708 Las Vegas Blvd. S., 702-698-7000

Disposé sur trois étages à l'intérieur du casino du Cosmopolitan, The Chandelier est un bar détonant dominé par un spectaculaire chandelier formé de 2 millions de perles de cristal illuminées d'ampoules DEL.

Tryst Nightclub [28]

Wynn Las Vegas, 3131 Las Vegas Blvd. S., 702-770-3375

Le Tryst Nightclub attire plusieurs visages du monde du spectacle ou de la scène hollywoodienne. Les week-ends, vous pourriez attendre fort longtemps dans la file d'attente. Rendez-vous de belles gens et de DJ déchaînés.

Vesper Bar [26]

The Cosmopolitan of Las Vegas, 3708 Las Vegas Blvd. S., 702-698-7000

Pour boire un martini ou un verre dans un contexte moderne et peu banal, direction le Vesper Bar, qui jouxte la réception du Cosmopolitan. Profitez-en pour observer les colonnes qui diffusent sans arrêt des œuvres d'art numériques.

XS [24]

Encore, 3131 Las Vegas Blvd. S., 702-770-0097

QG de la branchitude haut de gamme, XS est un écrin feutré à l'éclairage flatteur où les sybarites trentenaires et quadras étalent leur garde-robe griffée et dégustent d'étourdissants cocktails sous des airs résolument vivifiants. XS a coûté rien de moins que 100 millions de billets verts!

Casinos *(voir carte p. 59)*

Au centre du Strip

Bally's [29]
3645 Las Vegas Blvd. S., 702-739-4111,
www.ballyslasvegas.com

Ce casino abrite une salle spacieuse qui propose l'assortiment habituel de jeux, en plus d'offrir des cours d'initiation aux débutants pour leur permettre de se familiariser avec les différents types de jeux.

Bellagio [30]
3600 Las Vegas Blvd. S., 702-693-7111,
www.bellagiolasvegas.com

Le très chic casino du Bellagio attire les touristes argentés qui désirent assouvir leur vice du jeu dans une atmosphère cossue.

Caesars Palace [31]
3570 Las Vegas Blvd. S., 702-731-7110,
www.caesars.com

Les serveuses, vêtues de toges, ressemblent à des vestales avec leur plateau, tandis que des émules de Brutus déambulent dans les allées pour ajouter de la couleur à la truculence des lieux.

Flamingo Las Vegas [32]
3555 Las Vegas Blvd. S., 702-733-3111,
www.flamingolasvegas.com

Si vous désirez lancer les dés dans un lieu chargé d'histoire, c'est ici que vous devez aller.

Harrah's [33]
3475 Las Vegas Blvd. S., 702-369-5000,
www.harrahs.com

Le casino du Harrah's reste discret et s'avère tout indiqué pour le commun des mortels qui veut s'essayer au jeu en simple amateur et sans risquer d'y laisser sa chemise.

Imperial Palace [34]
3535 Las Vegas Blvd. S., 702-731-3311,
www.imperialpalace.com

La décoration de ce casino ressemble davantage à celle d'un restaurant chinois clinquant qu'à celle du palais de la prestigieuse dynastie chinoise dont ce casino s'approprie le thème.

Mirage [35]
3400 Las Vegas Blvd. S., 702-791-7111,
www.mirage.com

Beaucoup de *high rollers* se retrouvent au casino du Mirage, qui exploite le thème d'un petit village polynésien où un toit de chaume coiffe l'ensemble des machines à sous et des tables de jeu.

Paris Las Vegas [36]
3655 Las Vegas Blvd. S., 702-862-5107,
www.parislasvegas.com

Dans un décor qui flirte avec le sens subtil de l'absurde, la pièce maîtresse du cadre du casino du Paris Las Vegas est sans conteste les «pattes» géantes de la réplique à 50% de la tour Eiffel.

Planet Hollywood [37]
3667 Las Vegas Blvd. S., 702-785-5555,
www.planethollywoodresort.com

Ce casino voit son intérieur se conformer à l'atmosphère thématique qui fait la renommée de la chaîne Planet Hollywood.

The Venetian.

The Cosmopolitan of Las Vegas [38]
3708 Las Vegas Blvd. S., 702-651-2432,
www.cosmopolitanlasvegas.com

Le très élégant casino du Cosmopolitan est dominé par un colossal chandelier.

The Venetian [39]
3355 Las Vegas Blvd. S., 702-414-1000,
www.venetian.com

Ce casino offre une ambiance européenne. S'y trouve même une roulette européenne au milieu d'une salle de jeux dont les planchers sont dallés de marbre et les murs ornés de fresques peintes à la main.

Treasure Island [40]
3300 Las Vegas Blvd. S., 702-894-7111,
www.treasureisland.com

Le casino du Treasure Island est un autre temple du ludique, décoré

assez sobrement et destiné à une clientèle issue de la classe moyenne.

Wynn Las Vegas [41]
3131 Las Vegas Blvd. S., 702-770-7100,
www.wynnlasvegas.com

Le Wynn Las Vegas, qui s'apparente à un casino européen, respire le luxe et l'opulence. Son casino principal propose 1 900 machines à sous ainsi que l'éventail habituel de jeux.

Spectacles

(voir carte p. 59)

BeatleShow! [37]
Planet Hollywood Resort & Casino, 3663 Las Vegas Blvd. S., 702-932-1818,
www.beatleshowvegas.com

Dans le Saxe Theater du Planet Hollywood Resort, des ersatz des Beatles chantent avec justesse le

Céline.

Au centre du Strip

répertoire des *Fab Four*. Idéal pour les nostalgiques.

Céline [31]
Caesars Palace, 3570 Las Vegas Blvd. S.,
www.celineinvegas.com

Sans danseurs ni acrobates, le spectacle tout simplement intitulé *Céline* mise essentiellement sur la voix puissante de la diva québécoise. Accompagnée d'un chœur et d'un orchestre de 31 musiciens, Céline Dion interprète ses grands succès, mais rend aussi hommage à d'autres d'artistes.

Frank Marino's Divas Las Vegas [34]
Imperial Palace, 3535 Las Vegas Blvd. S.,
702-794-3221, wwwimperialpalace.com

Ce spectacle met en vedette des *drag queens* déguisées en Cher, Céline Dion, Madonna et Diana Ross, pendant que les enceintes acoustiques crachent la musique d'origine de ces artistes. Frank Marino anime le *show*.

Jubilee! [29]
Bally's, 3645 Las Vegas Blvd. S.,
702-967-4567, www.ballyslasvegas.com

Jubilee! s'inscrit dans la lignée des productions issues de la pure tradition des spectacles de cabaret. Une pléiade de *showgirls* à la poitrine dénudée dansent sur des airs classiques et partagent la scène avec des magiciens et des acrobates.

Legends in Concert [33]
Harrah's Las Vegas Casino & Hotel, 3475 Las Vegas Blvd. S., 702-253-1233,
www.legendsinconcert.com

Si vous n'avez pas eu la chance de voir Elvis, Madonna ou The Blues Brothers en concert, *Legends in Concert* constitue un excellent plan B.

Le Rêve [41]
Wynn Las Vegas, 3131 Las Vegas Blvd. S.,
888-320-7110, www.wynnlasvegas.com

Spectaculaire et saisissant, *Le Rêve* s'articule autour d'un bassin d'eau où des acrobates plus grands que nature se livrent à des prouesses aériennes et aquatiques hors du commun.

LOVE [35]
Mirage, 3400 Las Vegas Blvd. S.,
702-792-7777, www.cirquedusoleil.com/love

Très différent des autres productions du Cirque du Soleil, mais non moins intéressant, *LOVE* est un spectacle haut en couleur qui rend hommage aux *Fub Four*.

Mystère [40]
Treasure Island, 3300 Las Vegas Blvd. S.,
800-392-1999, www.cirquedusoleil/mystere

Depuis 1993, *Mystère*, autre production du Cirque du Soleil, est une véritable figure de proue dans l'industrie du spectacle de Las Vegas.

Mac King Comedy Magic Show [33]
Harrah's, 3475 Las Vegas Blvd. S.,
800-427-7247, www.mackingshow.com

À la recherche d'un très bon divertissement qui coûte moins que la moitié d'une grosse production ? Mélange d'humour et de magie.

Nathan Burton Comedy Magic [32]
Flamingo Las Vegas, 3555 Las Vegas Blvd. S.,
702-733-3333, www.nathanburton.com

Spectacle d'un bon rapport qualité/prix et dénué de vulgarité qui se déroule en après-midi Au menu : trucs de magie, illusions et jolies filles emplumées.

O [30]
Bellagio, 3600 Las Vegas Blvd. S.,
888-488-7111, www.cirquedusoleil.com/o

Fleuron de l'imagination débridée des concepteurs du Cirque du Soleil, *O* repousse les frontières de l'imaginaire de l'univers des spectacles pour réaliser une fresque iconoclaste, spectaculaire et inénarrable. Un des meilleurs spectacles en ville.

Peepshow [37]
Planet Hollywood Resort & Casino, 3667 Las Vegas Blvd. S., 800-745-3000,
www.lasvegaspeepshow.com

Le titre de ce spectacle burlesque désigne une ouverture par laquelle on observe des scènes érotiques sans être vu. Histoire de titiller le voyeur qui sommeille en vous.

Rita Rudner [39]
The Venetian, 3355 Las Vegas Blvd. S.,
702-414-1000, www.ritafunny.com

L'humoriste égrène ses blagues caustiques et intelligentes avec classe. Ce spectacle connaît un franc succès auprès d'une clientèle un peu plus âgée (quadras et quinquas) qui s'intéresse aux sempiternelles relations hommes-femmes.

The Improv At Harrah's [33]
Harrah's, 3475 Las Vegas Blvd. S.,
702-369-5111, www.harrahslasvegas.com

The Improv At Harrah's sert de tremplin à de jeunes comédiens et comédiennes.

Au centre du Strip

Stripclubs

(voir carte p. 59)

Club Paradise [42]
4416 Paradise Rd., 702-734-7990
Le Club Paradise est l'une des boîtes de *strip* les plus élégantes de *Vegas*.

Lèche-vitrine

(voir carte p. 59)

Centres commerciaux

Fashion Show Mall [46]
3200 Las Vegas Blvd. S., 702-784-7000,
www.thefashionshow.com
Le Fashion Show Mall constitue désormais l'un des plus grands centres commerciaux des États-Unis. Il compte sept grands magasins de renommée internationale (entre autres Nordstorm, Neiman Marcus, Macy's et Saks Fifth Avenue), ainsi que plus de 250 boutiques qui plairont à tous.

Miracle Mile Shops [47]
3663 Las Vegas Blvd. S.,
www.miraclemileshopslv.com
Cette galerie marchande au décor agréable abrite plus de 170 boutiques de gamme moyenne et élevée sur près de 2 km pour combler les besoins des coureurs de magasins impénitents, dont l'une des deux boutiques de Bettie Page en ville.

Showcase Mall [49]
3785 Las Vegas Blvd. S., 702-597-3122
À la fois un centre commercial et un complexe de divertissement, le Showcase Mall a compris comment garder sa clientèle le plus longtemps possible. Ses boutiques sont principalement axées sur les produits dédiés aux touristes.

The Esplanades at Wynn and Encore [52]
Wynn Las Vegas, 3131 Las Vegas Blvd. S.,
702-770-7000
Encore, 3121 Las Vegas Blvd. S.,
702-770-8000, www.wynnlasvegas.com
Centres commerciaux opulents conçus pour les personnes qui entretiennent des fantasmes matériels grâce à des boutiques telles que Dior, Cartier, Chanel et autres grands noms de la haute couture et du prêt-à-porter.

The Forum Shops at Caesars [44]
Caesars Palace, 3500 Las Vegas Blvd. S.,
702-893-3807, www.forumshops.com
The Forum Shops sont non seulement un mégacentre commercial qui abrite des boutiques telles que Diesel, Gap, Gucci et Versace, mais aussi une attraction touristique en soi ainsi qu'un établissement pour se ravitailler et se divertir.

The Grand Canal Shoppes [51]
The Venetian, 3377 Las Vegas Blvd. S.,
702-414-4500,
www.thegrandcanalshoppes.com
Si l'argent ne pose aucun problème pour vous, et si vous désirez déambuler le long du Grand Canal de Venise, allez aux Grand Canal Shoppes, qui proposent une vingtaine de chics boutiques à explorer.

The Forum Shops at Caesars.

The Shoppes
at the Palazzo [48]

Palazzo Hotel, 3327 Las Vegas Blvd. S.,
702-414-4525,
www.theshoppesatthepalazzo.com

The Shoppes at the Palazzo constituent la quintessence du luxe puisqu'ils abritent une soixantaine de boutiques exclusives, entre autres Diane von Furstenberg et Billionaire Italian Couture, ainsi qu'une succursale du grand magasin Barneys de New York. Parfait pour les *shopoholics* qui ne sont pas intimidés par les prix prohibitifs et qui désirent actualiser leur style vestimentaire.

The Shops
at The Cosmopolitan
of Las Vegas [50]

The Cosmopolitan of Las Vegas,
3708 Las Vegas Blvd. S.

The Shops at The Cosmopolitan of Las Vegas couvrent 30 100 m² où sont réparties de nombreuses boutiques modernes et luxueuses telles que dna2050, Molly Brown's Swimwear, Monogram, Retrospecs & Co., Skins 6|2 Cosmetics, Stiched et Vitals.

Via Bellagio [43]

Bellagio, 3600 Las Vegas Blvd. S., 702-693-7111

Les consommateurs stressés peuvent déambuler paisiblement dans les allées dallées du Via Bellagio, sous un lumineux plafond voûté, tout en étant bercé par des airs de musique classique. On y trouve nombre de boutiques de mode haut de gamme.

Bijouterie

Fred Leighton [43]

Bellagio, 3600 Las Vegas Blvd. S.,
702-693-7050, www.fredleighton.com

Ceux et celles qui ont la main chanceuse au casino pourront peut-être s'offrir des bijoux anciens et contemporains à des prix prohibitifs chez Fred Leighton. Les autres se contenteront de faire du lèche-vitrine...

Chaussures

Manolo Blahnik [52]
Esplanade at Wynn Las Vegas, 3131 Las Vegas Blvd. S., 702-770-3477, www.manoloblahnik.com

Les émules du désormais célèbre personnage Carrie Bradshaw de la télésérie *Sex and the City* voudront certainement pousser la porte de Manolo Blahnik.

Jouets

Build-A-Bear Workshop [47]
Miracle Mile Shops, 3663 Las Vegas Blvd. S., 702-836-0899, www.buildabear.com

Boutique où vos gamins pourront bourrer leur propre ourson en peluche.

Matériel informatique

Apple Store [44]
The Forum Shops, Caesars Palace, 3500 Las Vegas Blvd. S., 702-684-8800

La boutique Apple offre toute la palette de produits de la marque éponyme. Sans conteste le meilleur endroit pour acheter un iMac, un iPod, un iPad ou un iPhone.

Produits de beauté

Sephora [51]
The Venetian, 3377 Las Vegas Blvd. S., 702-735-3896
Miracle Mile Shops, 3663 Las Vegas Blvd. S., 702-737-0550

Vous craquez pour un fond de teint, un parfum ou des cosmétiques à la mode ? Faites un saut chez Sephora.

Vêtements

Dans le **Fashion Show Mall** (voir p. 84), au rayon «enfants» du grand magasin **Neiman Marcus**, les parents qui considèrent que leur marmaille a aussi le droit d'être tendance peuvent dénicher des vêtements griffés inspirés des grands, mais conçus pour les petits.

Agent Provocateur [44]
The Forum Shops at Caesars, 3500 Las Vegas Blvd. S., 702-696-7174, www.agentprovocateur.com

La griffe londonienne qui rime avec luxe, séduction et provocation propose un florilège de porte-jarretelles et nuisettes qui épousent à souhait l'anatomie féminine. Les futures mamans y trouveront des vêtements qui mettent en valeur leur silhouette.

Bettie Page [47]
Miracle Mile Shops, 3663 Las Vegas Blvd. S., 702-636-1100
The Forum Shops at Caesars, 3500 Las Vegas Blvd. S., 702-369-8277

Boutiques entièrement dédiées à Betty Page. Adresses idéales pour les femmes qui sont à la recherche d'un look «rétrochic».

Christian Audigier [44]
The Forum Shops at Caesars, 3500 Las Vegas Blvd. S., 702-735-9039, www.christianaudigier.com

Envie de vous offrir un t-shirt Ed Hardy ou une casquette Von Dutch ? Pointez-vous à la boutique Christian

Au centre du Strip

Fashion Show Mall.

Audigier, où vous trouverez également une ribambelle de produits dérivés.

Frederick's of Hollywood [47]
Miracle Mile Shops, 3663 Las Vegas Blvd.

Lingerie coquine fatalement glamour pour les femmes qui veulent faire pencher la balance de la séduction en leur faveur.

H&M [47]
Miracle Mile Shops, 3663 Las Vegas Blvd. S.

Adresse très courue par les personnes qui souhaitent se procurer des vêtements et accessoires dernier cri vendus à des prix très raisonnables.

Molly Brown's Swimwear [50]
The Shops at The Cosmopolitan of Las Vegas, 3708 Las Vegas Blvd. S., 702-698-7615, www.mollybrownsswimwear.com

Pour les femmes qui cherchent un microbikini ou l'assortiment outrageusement sexy de la parfaite naïade pour pavaner au soleil ou prendre part à une «piscine *party*».

True Religion Brand Jeans [47]
Miracle Mile Shops, 3663 Las Vegas Blvd., 702-893-2340

Envie de jeans griffés? Cette boutique phare de Los Angeles habille les jeunes professionnels branchés qui viennent satisfaire leur envie de dépenses.

3 ↘

Au nord du *Strip*

À voir, à faire

(voir carte p. 91)

Adventuredome [1]
personnes de moins de 1,22 m 16,95$, plus de 1,22 m 26,95$; lun-jeu 11h à 18h, ven-sam 10h à 24h, dim 10h à 18h; 702-794-3939, www.adventuredome.com

Les gamins s'exciteront comme des puces sauteuses dans l'Adventuredome, le plus grand parc d'attractions intérieur en Amérique du Nord, situé dans le **Circus Circus** *(2880 Las Vegas Blvd. S.; voir p. 126)*. S'y trouvent aussi des galeries marchandes, des jeux de foire et des amuseurs publics.

Stratosphere Tower ★ [2]
dim-jeu 10h à 1h, ven-sam et jours fériés 10h à 2h; Stratosphere Las Vegas, 2000 Las Vegas Blvd. S., 702-380-7711 pour billets et information, www.stratospherehotel.com

Du haut de ses 350 m, la Stratosphere Tower revendique le titre de la plus haute tour d'observation des États-Unis et mérite qu'on prenne l'ascenseur jusqu'à son **belvédère** ★ *(18$, enfants 10$, comptez un surplus pour l'accès aux manèges)* pour la splendide vue qu'il offre. Non satisfaite de figurer au palmarès du plus haut, la tour d'observation s'est dotée des trois plus hauts manèges de la planète: le **Big Shot** ★★ *(15$)*, où l'on s'attache fermement à un siège qui est catapulté vertigineusement à 55 m dans les airs, avant de redescendre comme le mercure d'un thermomètre plongé soudainement dans la glace carbonique; l'**Insanity, the Ride** ★ *(15$)*, le manège le plus élevé de la planète qui file à plus de 70 km à l'heure; et **X Scream** ★ *(15$)*, qui porte très bien son nom. Le principe du X Scream est simple. Au haut de la Stratosphere Tower, vous prenez place dans une rangée de sièges. Une barre de sécurité se rabat sur vos genoux avant que vous

Insanity, the Ride, Stratosphere Tower.

ne soyez propulsé à environ 50 km/h au-dessus du vide. Puis, après que le manège s'est immobilisé pendant quelques secondes (qui semblent des années-lumière) durant lesquelles les clients s'époumonent de frayeur, on le retourne à la case départ.

Le X Scream est une activité trop paisible à votre goût? Le **Skyjump** ★★ *(à partir de 110$; jeu 11h à 13h, ven-sam 11h à 14h; www.skyjumplasvegas.com)* vous donne l'occasion de faire une chute contrôlée en tentant de viser une cible située 252 m plus bas avec des vitesses de pointe pouvant atteindre jusqu'à 70 km/h. Grosso modo, le participant est solidement harnaché à un câble avant de se lancer dans le vide à partir d'une plateforme métallique tout en profitant d'une vue imprenable sur la ville. Évidemment, les amateurs de sensations fortes se bousculent au portillon. Devons-nous ajouter que les personnes souffrant de troubles cardiaques, les femmes enceintes et toute autre personne allergique aux hauteurs ou sujette au vertige devraient s'abstenir?

Cafés et restos

(voir carte p. 91)

The Steak House *$$$-$$$$* [3]
Circus Circus, 2880 Las Vegas Blvd. S.,
702-794-3767

L'un des très bons temples pour carnivores de Las Vegas est sans nul doute le Steak House du Circus Circus, avec sa salle à manger feutrée et discrète.

Au nord du *Strip*

Circus Circus.

À voir, à faire ★

1. BX Aventuredome
2. CV Stratosphere Tower/belvédère/
Big Shot/Insanity, the Ride/
X Scream/Skyjump

Cafés et restos ●

3. BX Circus Circus
The Steak House

4. CV Stratosphere
Top of the World

Casinos et salles de spectacle ◆

5. BX Circus Circus
6. BX Riviera
Crazy Girls
Riviera Comedy Club
7. CV Stratosphere
Bite

**Autres spectacles et *stripclubs*
au nord du *Strip***
8. AV Cheetah's
9. AX Shappire

Lèche-vitrine ■

10. CV Gamblers Book Shop
11. CV Bonanza Gift Shop – World's
Largest Gift Shop

Hébergement ▲

12. BX Circus Circus

13. CV Stratosphere Las Vegas

Top of the World $$$-$$$$ [4]
Stratosphere, 2000 Las Vegas Blvd. S.,
702-380-7777

Top of the World, voilà un nom un tant soit peu pompeux, mais qui prend tout son sens lorsqu'on s'y attable et qu'on découvre la ville à ses pieds. La carte est sans grande surprise, mais saura satisfaire votre appétit.

Casinos *(voir carte p. 91)*

Circus Circus [5]
2880 Las Vegas Blvd. S., 702-734-0410,
www.circuscircus.com

Le vénérable casino du Circus Circus offre une ambiance ludique, un peu loufoque et assez bruyante, qui s'apparente à celle d'une fête foraine.

Spectacles
(voir carte p. 91)

Bite [7]
Stratosphere Las Vegas, 2000 Las Vegas
Blvd. S., 702-380-7777,
www.stratospherehotel.com

Des vampires au regard auréolé de lubricité et à la poitrine dénudée se donnent en spectacle sous des airs de rock'n'roll pendant que le roi des vampires cherche sa douce moitié.

Riviera Comedy Club [6]
Riviera, 2901 Las Vegas Blvd. S.,
702-794-9433, www.rivierahotel.com

Le Riviera Comedy Club reçoit aussi sa part d'humoristes renommés, qui choisissent de se produire de temps à autre dans ce cabaret bien connu. Très bon rapport qualité/prix.

Spectacles pour adultes
(voir carte p. 91)

Crazy Girls [6]
Riviera, 2901 Las Vegas Blvd. S., 702-734-5110

Haut lieu fantasmatique de la gent masculine, *Crazy Girls* met en vedette de jolies femmes exhibant sans retenue une poitrine généreuse tout en s'affichant dans une tenue vestimentaire réduite à sa plus simple expression.

1. Top of the World.
2. Bonanza Gift Shop.

Stripclubs

(voir carte p. 91)

Cheetah's [8]
2112 Western Ave., 702-384-0074

Le Cheetah's se taille une place de choix parmi les boîtes de *strip* de *Vegas*. Les messieurs peuvent même s'émoustiller en regardant le *Monday Night Football*.

Shappire [9]
3025 Industrial Rd. S., 702-796-6000

Rien de moins que le *nec plus ultra* des boîtes de *strip* de la planète. Sur une surface de près de 6 500 m², environ 800 demoiselles à la beauté ostentatoire défilent devant les amateurs de plaisirs visuels.

Lèche-vitrine

(voir carte p. 91)

Librairie

Gamblers Book Shop [10]
630 11th St. S., 702-382-7555,
www.gamblersbook.com

Les joueurs compulsifs ou en devenir se pointent au Gamblers Book Store, qui offre un excellent choix de livres traitant des plaisirs du jeu… et de la ville qui lui est dédiée.

Souvenirs

Bonanza Gift Shop – World's Largest Gift Shop [11]
2440 Las Vegas Blvd. S., 702-385-7359,
www.worldslargestgiftshop.com

Tout ce dont vous pouvez rêver de rapporter à la maison comme souvenirs… à moins que vous ne vous perdiez dans l'immensité du magasin.

4 ↘

À l'est du *Strip*

À voir, à faire

(voir carte p. 97)

Atomic Testing Museum [1]
14$; lun-sam 10h à 17h, dim 13h à 17h;
755 Flamingo Rd. E., 702-794-5161,
www.atomictestingmuseum.org

Ce n'est un secret pour personne : dans les années 1940 et 1950, le gouvernement américain a testé des armes atomiques dans l'étendue désertique qui se trouve au nord de Las Vegas. L'Atomic Testing Museum rappelle ce pan de l'histoire du Nevada.

Hard Rock Hotel and Casino ★★ [2]
4455 Paradise Rd.; voir aussi p. 99, 127

Arrêt obligatoire pour la vieille garde du rock, le Hard Rock Hotel and Casino prend des allures de véritable musée consacré au rock-and-roll. On y trouve une pléthore d'instruments de musique (surtout des guitares électriques) d'artistes de renom, des paroles de chansons de Jim Morrison, de Bruce Springsteen et de Bob Dylan, ainsi qu'une ribambelle de souvenirs relatifs à l'univers de la musique populaire.

Cafés et restos

(voir carte p. 97)

Hofbräuhaus *$-$$* [4]
4510 Paradise Rd., 702-853-2337

Pour casser la croûte dans une ambiance de bon aloi, rendez-vous au Hofbräuhaus, qui récrée l'ambiance de la plus grande brasserie traditionnelle située au cœur de Munich. Au menu, une cuisine sans esbroufe, mais roborative : soupe maison aux pommes de terre, hamburgers juteux et une variété de saucisses bavaroises.

À l'est du Strip

Hard Rock Hotel and Casino.

Marrakech $-$$ [5]
3900 Paradise Rd., 702-737-5611

Le restaurant Marrakech propose des créations culinaires aux consonances méditerranéennes. Des spectacles de *baladi* ajoutent une touche d'exotisme oriental aux soirées. Les lumières tamisées et le décor bariolé contribuent à créer une ambiance agréable.

Pink Taco $-$$ [3]
Hard Rock Hotel, 4455 Paradise Rd., 702-733-7625

Le Pink Taco est un restaurant mexicain branché qui sert des plats bien relevés accompagnés de piments qui mettent le feu à la bouche. En attendant d'être servi, sirotez donc une tequila en observant la dame qui s'affaire à préparer devant vous la pâte des *tortillas* ou des *lucos*.

Pamplemousse $$$ [7]
400 E. Sahara Ave., 702-733-2066

Chez Pamplemousse, il n'y a pas de menu imprimé. La cuisine est résolument française, et le serveur récite le menu de vive voix. C'est cependant un restaurant de classe, mais ce n'est pas l'endroit tout choisi si vous êtes à court d'argent. Le service est courtois et empressé.

Piero's $$$ [6]
355 Convention Center Dr., 702-369-2305

Des chandelles à la flamme vacillante déposées çà et là sur les tables distillent une atmosphère romantique au restaurant Piero's. La cuisine mitonne de bons plats italiens typiques, mais sans plus. On vous suggère de goûter au délicieux osso buco. Le service est professionnel, prévenant et sans ostentation.

À l'est du *Strip*

À voir, à faire ★

1. CY Atomic Testing Museum
2. BY Hard Rock Hotel and Casino

Cafés et restos ●

3. BY Hard Rock Hotel and Casino
   Nobu
   Pink Taco

Autres cafés et restos à l'est du *Strip*
4. BY Hofbräuhaus
5. BY Marrakech
6. BW Piero's
7. BV Pamplemousse

Bars et boîtes de nuit ☽

8. BY Hard Rock Hotel and Casino
   Rehab
   Vanity

Autres bars et boîtes de nuit à l'est du *Strip*
9. CZ Crown and Anchor

10. BY Gordon Biersch
11. BY Hofbräuhaus
12. CZ Las Vegas Eagle
13. BZ Piranha
14. BZ The Buffalo

Casinos et salles de spectacle ◆

15. BY Hard Rock Hotel and Casino
16. BW Las Vegas Hotel & Casino

Lèche-vitrine ■

17. CY Alternate Reality Comics
18. CX Barnes & Noble
19. BZ Get Booked
20. CY Zia Records

Hébergement ▲

21. BZ Alexis Park Resort Hotel
22. BY Hard Rock Hotel and Casino
23. BW Las Vegas Hotel & Casino
24. AZ Motel 6

Nobu $$$-$$$$ [3]
Hard Rock Hotel, 4455 Paradise Rd., 702-693-5090

Après avoir fait craquer New York et Londres, Nobu reste dans le sillage des célèbres cuistots qui s'installent dans la capitale du jeu. Le local est plus petit qu'à Manhattan, et l'on ne retrouve pas les célèbres «bancs baguettes», mais la nourriture est irréprochable. Le buffet de sushis vous laissera pantois d'admiration par sa fraîcheur et sa qualité. Bon choix de sakés, froids ou chauds.

Bars et boîtes de nuit *(voir carte p. 97)*

Crown and Anchor [9]
1350 E. Tropicana Ave., 702-739-8676

Dans le quartier universitaire, ce pub s'inscrit dans la tradition de ce type d'établissement avec sa vaste sélection de bières européennes.

Monorail

W. Sahara Ave.

E. Sahara Ave.

Stratosphere Tower

Downtown Area
French Street Experience

7

v

Karen Ave.

Circus Circus Dr.

Circus Circus

Riviera Blvd.

Riviera

Paradise Rd.

Las Vegas Hotel & Casino

Las Vegas Country Club

16   23

w

Convention Center Dr.

6

Las Vegas Convention Center

E. Desert Inn Rd.

Industrial Rd.

S. Las Vegas Blvd. (Strip)

Encore

Fashion Show Mall

Wynn Las Vegas

Sierra Vista Dr.

Wynn Golf Course

Treasure Island

The Venetian

Sands Ave.

x

Mirage

E. Twain Ave.

Imperial Palace

18

Caesars Palace

Swenson St.

10

1

20

Flamingo Las Vegas (Strip)

5

E. Flamingo Rd.

17   y

Bellagio

Bally's

Kovar Ln.

Paris Las Vegas

22   2

8

University of Nevada, Las Vegas

Planet Hollywood

Hard Rock Hotel

15   3

4

11

E. Harmon Ave.

Monte Carlo

21

14

19

MGM Grand

13

Paradise Rd.

New York-New York

z

Tropicana

24

E. Tropicana Ave.

9, 12

Hooters Casino Hotel

Excalibur

Reno Ave.

N

I-15

a   b   c

Maryland Pkwy.

0   0,25   0,5km
0   0,25   0,5mi

À l'est du Strip

The Gay Triangle

La plupart des établissements gays sont établis à l'est du *Strip*, dans un périmètre surnommé *The Gay Triangle*. Cette zone se trouve principalement sur la Paradise Road, entre Naples Drive et le Las Vegas Convention Center.

Gordon Biersch [10]
3987 Paradise Rd., 702-312-5247

Le Gordon Biersch est un lieu idéal pour fraterniser entre copains et s'envoyer une bière brassée sur place dans le gosier. Pour une ambiance conviviale et un service sympathique à l'extérieur des hôtels-casinos.

Hofbräuhaus [11]
4510 Paradise Rd., 702-853-2337

Voici un copié-collé de la plus grande brasserie traditionnelle située au cœur de Munich, la Hofbräuhaus. Des musiciens en costumes bavarois égayent les soirées en jouant des airs traditionnels.

Rehab [8]
Hard Rock Hotel and Casino, 4455 Paradise Rd., 702-693-5555

Tous les dimanches, de midi jusqu'à 20h, a lieu la Rehab, une gigantesque fête organisée autour de l'immense piscine du Hard Rock Hotel. La moyenne d'âge dépasse rarement les 30 ans.

Vanity [8]
Hard Rock Hotel and Casino, 4455 Paradise Rd.

Cette «coolissime» boîte de nuit est le point de convergence des *clubbers* en goguette, de la jeunesse dorée locale et d'une faune «glam rock» furieusement tendance.

Bars gays
(voir carte p. 97)

Las Vegas Eagle [12]
3430 E. Tropicana Ave., 702-458-8662

Situé à l'est du *Strip*, l'Eagle est un bar où un DJ fait jouer un mélange de musiques variées, tandis que la foule pimpante vêtue de cuir en profite pour s'éclater et faire ribote. Possibilité de s'improviser un karaoké.

Piranha [13]
4633 Paradise Rd., 702-791-0100, www.piranhavegas.com

Nouvel ajout dans le quartier, ce petit bar est surtout fréquenté par les résidents de la ville, ainsi que par une poignée de touristes de passage. Les *go-go boys* qui se trémoussent sur les haut-parleurs contribuent à l'environnement visuel.

The Buffalo [14]
4640 Paradise Rd., 702-733-8355

Si vous êtes de ceux qui favorisent le *look* jeans serrés ou pantalon-blouson-casquette de cuir, The Buffalo, situé à l'est du *Strip*, est l'adresse tout indiquée. Dans une ambiance particulière, les mâles jouent au billard, draguent et boivent.

Casinos *(voir carte p. 97)*

**Hard Rock Hotel
and Casino** [15]
4455 Paradise Rd., 702-693-5000,
www.hardrockhotel.com

Le casino du Hard Rock Hotel est décoré de blousons de cuir d'Iggy Pop et des Ramones, de nombreuses guitares électriques, de photos ainsi que de souvenirs d'artistes de *musicals* à l'allégeance rock.

Las Vegas Hotel & Casino [16]
3000 Paradise Rd., 702-732-5111,
www.thelvh.com

C'est au Las Vegas Hotel & Casino (anciennement le Las Vegas Hilton) que Robert Redford a réalisé son célèbre coup de dés dans le film *Indecent Proposal*. Quelqu'un a-t-il dit *high roller* ?

Lèche-vitrine

(voir carte p. 97)

Librairies

Barnes & Noble [18]
3860 Maryland Pkwy., 702-734-2900
2191 N. Rainbow Blvd., 702-631-1775

Mégalibrairie, Barnes & Noble offre une excellente variété de romans, de guides de voyage et de recueils de photos, ainsi qu'un choix incomparable de bouquins en tous genres.

Les amusantes toilettes du Las Vegas Hotel & Casino.

Alternate Reality Comics [17]
4110 S. Maryland Pkwy., 702-736-3673,
www.alternaterealitycomics.net

Alternate Reality Comics offre un bon choix de bandes dessinées classiques ou contemporaines.

Get Booked [19]
4643 Paradise Rd., #15, 702-737-7780

Get Booked garnit ses étagères d'une bonne sélection de littérature gay et lesbienne. On y vend également des DVD.

Musique

Zia Records [20]
4225 S. Eastern Ave., 702-735-4942,
www.ziarecords.com

Si vous brûlez d'envie de vous offrir quelques CD, voici une adresse à retenir, plus abordable que les commerces du *Strip*.

5 ↘

À l'ouest du *Strip*

À voir, à faire

(voir carte p. 103)

Show in the Sky ★ [1]
entrée libre, 12,95$ pour embarquer dans le navire; jeu-dim toutes les heures entre 18h et 23h; Rio All-Suite Hotel & Casino, 3700 W. Flamingo Rd., 702-252-7776

Le Show in the Sky vous plonge dans une atmosphère festive et sensuelle où des danseurs ne demandent qu'à vous divertir. Certaines danseuses se déhanchent dans un navire carnavalesque qui circule sur des rails fixés au plafond. Mieux vaut venir entre adultes: plusieurs danseuses sont habillées par Victoria's Secret, donc très légèrement vêtues, et certaines chorégraphies sont plutôt suggestives.

Cafés et restos

(voir carte p. 103)

Capriotti's $ [3]
322 Sahara Ave. W., 702-474-0229

Vous en avez assez de ces restaurants aux prix exorbitants? Le Capriotti vous propose de savoureux sous-marins et sandwichs à prix abordable.

Little Buddha $$$-$$$$ [2]
Palms Casino Resort, 4321 W. Flamingo Rd., 702-942-7778

Voilà un restaurant pour les fidèles de l'emblématique Buddha Bar de Paris, version Las Vegas. La cuisine prépare des mets éclectiques, résultat d'un mélange de recettes asiatiques et françaises. Le décor, à la fois exotique et contemporain, est agrémenté de petits bouddhas. La clientèle se veut zen, belle et branchée.

Show in the Sky.

N9NE Steakhouse
$$$-$$$$ [2]
Palms Casino Resort, 4321 W. Flamingo Rd.,
702- 933-9900

Repaire culinaire branché au décor léché, le N9NE Steakhouse est le temple des carnivores en manque de protéines qui attire les grosses pointures du *showbiz* et une clientèle tout ce qu'il y a de plus chic. La carte des vins est étoffée et offre un vaste choix de vins au verre.

Alizé *$$$$* [2]
Palms Casino Resort, 4321 W. Flamingo Rd.,
702-951-7000

Pour les férus de bonne cuisine française aux accents méditerranéens, l'Alizé est une excellente adresse à retenir. L'Alizé est perché sur le Palms et permet aux convives de bénéficier d'une des meilleures vues de la ville. Les amis de Bacchus seront excités d'apprendre que la salle à manger feutrée s'articule autour d'un monumental cellier contenant plus de 5 000 grands crus.

Bars et boîtes de nuit *(voir carte p. 103)*

Ghostbar [4]
Palms Casino Resort, 4321 W. Flamingo Rd.,
702-938-2666

Juché au 55e étage du Palms, le Ghostbar est un *lounge* peuplé de mecs souriants et de femmes bien fringuées qui aiment potiner ou pratiquer l'art de la drague.

Rain Nightclub [4]
Palms Casino Resort, 4321 W. Flamingo Rd.,
702-942-6832

Cette discothèque branchée attire des clients qui font sagement la queue devant le portier au regard de glace. Bien sûr, si vous êtes jeune, beau et célèbre, ou bien *on the list*, vous serez accueilli à bras ouverts.

À l'ouest du *Strip*

À voir, à faire ★

1. BY Show in the Sky

Cafés et restos ●

2. AY Palms Casino Resort
Alizé
Little Buddha
N9NE Steakhouse

**Autres cafés et restos
à l'ouest du *Strip***
3. CV Capriotti's

Bars et boîtes de nuit ☽

4. AY Palms Casino Resort
Ghostbar
Rain Nightclub
The Playboy Club/Moon

5. AY Rio All-Suite Hotel & Casino
VooDoo Rooftop Nightclub

Casinos et salles de spectacle ◆

6. AY Palms

7. AY Rio

Hébergement ▲

8. AY Palm Casino Resort

9. AY Rio All-Suite Hotel and Casino

À l'ouest du *Strip*

The Playboy Club/Moon [4]
Palms Casino Resort, 4321 W. Flamingo Rd.,
702-942-6900

Au 52e étage du Palms vous attend une cohorte de filles en costumes de lapin et des téléviseurs plasma qui diffusent en boucle des images des *playmates* du célèbre magazine de charme. Pour changer d'ambiance, prenez l'ascenseur qui mène à la boîte de nuit Moon (le prix est inclus dans le droit d'entrée du Playboy Club), où les papillons nocturnes dansent jusqu'au bout de la nuit.

VooDoo Rooftop Nightclub [5]
Rio All-Suite Hotel & Casino, 3700 W. Flamingo Rd., 702-777-6875

Au 51e étage du Rio Hotel, les mecs au charme caustique sirotent des nectars en écoutant des musiciens d'allégeances musicales variées tout

en admirant les serveuses girondes. Habillez-vous en conséquence.

Casinos *(voir carte p. 103)*

Palms [6]
4321 W. Flamingo Rd., 702-942-7777,
www.palms.com

Coulé dans le moule du «chic, cool et branché», le casino du Palms étale ses 2 200 machines à sous ainsi que l'assortiment habituel de jeux dans une ambiance tropicale très *hot*.

Rio [7]
3700 W. Flamingo Rd., 702-252-7777,
www.riolasvegas.com

Une foule fringante et pimpante se presse autour des tables de jeu et des machines à sous de ce casino qui a pour thème la délurée Rio.

6 ↘

Downtown Area

À voir, à faire

(voir carte p. 107)

Lorsque les gros casinos thématiques ont fait leur apparition sur le *Strip* en 1990, le Downtown Area fut relégué à l'arrière-plan. Le quartier s'est toutefois revigoré en 1995 grâce aux 70 millions de dollars insufflés pour créer la Fremont Street Experience.

Fremont Street Experience ★★ [1]

entrée libre; projections tlj à 20h, 21h, 22h et 23h; 702-678-5600 *ou* 877-834-2748, www.vegasexperience.com

Aujourd'hui, la Fremont Street Experience est un des classiques de Las Vegas. Qu'on l'aime ou qu'on le déteste, il s'agit d'un spectacle visuel auquel nul ne peut rester indifférent: quatre quadrilatères fermés à la circulation automobile et recouverts d'une immense arcade dotée de plus de 12,5 millions de lumières DEL qui s'allument et s'éteignent en une fraction de seconde pour former des images étranges, dans une ambiance sonore éclectique. Mis à part l'étonnant spectacle son et lumière, Fremont Street est flanquée de casinos et de scènes de spectacle qui sont prises d'assaut par des musiciens une fois la nuit tombée. Par ailleurs, la **Fremont Street Flightlinez** ★ *(15$ avant 18h, 20$ après 18h; 425 Fremont St., 702-410-7999, http:// flightlinezfremont.com)* permet de survoler pratiquement la moitié de la rue (environ 250 m) à une vitesse de près de 50 km/h, le long d'une tyrolienne perchée à plus de 20 m dans les airs.

Fremont Street Experience.

Old Las Vegas Mormon Fort [2]

1$; lun-sam 8h à 16h30; 908 Las Vegas Blvd. N., angle Washington Blvd., 702-486-3511, http://parks.nv.gov/olvmf.htm

Il ne reste pas grand-chose d'original du Old Las Vegas Mormon Fort, qui fut l'endroit où les premiers colons se sont installés en 1855. Malgré tout, allez-y si vous êtes passionné d'histoire et de vieilles pierres.

Cafés et restos

(voir carte p. 107)

Triple 7 Brewpub $-$$ [3]

Main Street Station, 200 N. Main St., 702-387-1896

Pour vous offrir une cuisine typique de pub avec une touche à l'orien-tale, tout en buvant une bonne bière fraîche brassée sur place, rendez-vous au Triple 7 Brewpub. Atmo-sphère de bon aloi et service sym-pathique.

Hugo's Cellar $$$-$$$$ [4]

Four Queens, 202 E. Fremont St., 702-385-4011

Si vous êtes à la recherche d'un res-taurant pour un tête-à-tête roman-tique, sachez, Monsieur, que chaque dame reçoit une rose en guise de bienvenue au Hugo's Cellar. On sug-gère aux convives de jeter leur dévo-lu sur les steaks tendres et juteux. La salle à manger en brique au pla-fond voûté exhale une ambiance sereine où il fait bon se restaurer.

Downtown Area

À voir, à faire ★

1. BY Fremont Street Experience   2. BY Old Las Vegas Mormon Fort

Cafés et restos ●

3. BX Triple & Brewpub   4. BY Hugo's Cellar

Casinos et salles de spectacle ◆

5. BY Binion's Gambling Hall and Hotel   7. BV Palomino
6. BY Golden Nugget

Hébergement ▲

8. BX Main Street Station   10. BY Golden Nugget
9. BY Plaza Hotel & Casino

Downtown Area

Casinos *(voir carte p. 107)*

Binion's Gambling Hall and Hotel [5]
128 E. Fremont St., 702-382-1600,
www.binions.com

Pour vous faire photographier avec 100 billets de 10 000$ en toile de fond, rendez-vous au Binion's. *Low rollers* et résidents locaux s'y retrouvent aussi pour tenter leur chance.

Golden Nugget [6]
129 E. Fremont St., 702-385-7111,
www.goldennugget.com

Le Golden Nugget n'a absolument rien à envier aux autres gros casinos du *Strip*. Ici le personnel en place maintient jalousement les normes du service, afin que les joueurs puissent s'adonner à leur vice dans un établissement de classe.

Stripclubs

(voir carte p. 107)

Palomino [7]
1848 Las Vegas Blvd. N., 702-642-2984

Selon la loi, les seins dénudés sont la seule nudité permise dans la ville du vice, mais le Palomino se targue d'être le seul établissement de Las Vegas où l'on peut boire de l'alcool et où les filles sont complètement nues.

7 ↘

À l'écart du *Strip*

À voir, à faire

Richard Petty Driving Experience

lun-ven 8h à 19h, sam-dim 8h à 17h; 7000 Las Vegas Blvd. N., 800-237-3889, www.drivepetty.com

Envie d'assouvir votre désir de vitesse ? Le Richard Petty Driving Experience donne la chance aux visiteurs de prendre le volant d'un bolide de course NASCAR. Les prix sont plutôt élevés (les forfaits varient de 99$ à... 3 499$!), mais pourquoi s'en priver si votre budget vous le permet ?

Springs Preserve ★

18,95$; tlj 10h à 18h; 333 S. Valley View Blvd., 702-822-7700, www.springspreserve.org

Une visite à la Springs Preserve permet d'échapper temporairement à l'animation incessante du *Strip*. Située à 8 km de Las Vegas, la Springs Preserve est une réserve naturelle qui s'étend sur une superficie de 73 ha et protège l'une des sources artésiennes qui ont attiré les fondateurs de la ville. La réserve est sillonnée de sentiers et abrite un musée ainsi qu'un centre d'interprétation.

Neon Museum ★

15$; sur rendez-vous seulement mar-sam à 10h; 702-387-6366, www.neonmuseum.org

Surnommé *The Boneyard*, le Neon Museum est un organisme à but non lucratif qui s'occupe depuis 1996 de recueillir et de restaurer les enseignes de néon désuètes. Campé en plein désert, il exhibe environ 150 enseignes provenant d'une époque qui semble aujourd'hui étrangement distante. Chaussez-vous de bottes ou de chaussures confortables puisqu'il n'est pas rare de se heurter à des morceaux de verre ou de métal.

Neon Museum.

Cafés et restos

Brio Tuscan Grille $$-$$$
Town Square, 6605 Las Vegas Blvd. S., 702-914-9145

Pour se mettre à l'heure italienne entre deux séances de magasinage à Town Square, pointez-vous chez Brio. Côté décor, une réplique de 10 m du Colisée de Rome trône au fond de la salle à manger. Au rayon des desserts, optez pour un tiramisu ou un gâteau au fromage.

The Grape $$
Town Square, 6605 Las Vegas Blvd. S., 702-220-4727

Petit restaurant à la décoration épurée, The Grape est un refuge apaisant au cœur de la frénésie de Las Vegas qui propose un menu centré sur la Méditerranée. Parfait pour prendre une bouchée rapide ou un repas complet, ou bien simplement pour savourer un verre de vin. Plus de 120 vins sont disponibles au demi-verre, au verre et à la bouteille.

Blue Martini $$$
Town Square, 6605 Las Vegas Blvd. S., 702-949-2583

Le Blue Martini fédère une clientèle d'habitués qui vient prendre un martini très bien dosé après une journée de travail. Le service est assuré par un personnel souriant qui correspond haut la main aux diktats de l'esthétisme.

Twin Creeks $$$
Silverton Hotel Casino, 3333 Blue Diamond Rd., 702-263-7777

Au sud-ouest du *Strip*, à une dizaine de minutes en taxi, le Twin Creeks attire une clientèle d'habitués fidèles et de touristes de passage

À l'écart du Strip

1. Las Vegas Outlet Center.
2. Town Square.

qui s'écartent volontiers de leur chemin pour venir s'attabler dans une salle à manger élégante, auréolée d'une ambiance raffinée. La cuisine concocte avec savoir-faire des plats américains très goûteux qui portent la marque des grandes maisons, prix faramineux en moins.

Bars et boîtes de nuit

Blue Martini
Town Square, 6605 Las Vegas Blvd. S., 702-949-2583

Le Blue Martini offre une sélection quasi sans fin de martinis de toute sorte. Dans un local moderne au décor élégant, le DJ aux platines fait jouer de la musique *high energy*.

Cheyenne Saloon
3103 Rancho Dr. N., 702-645-4139

Si vous en avez marre du *glamour*, des gros muscles et des tours de taille parfaits, sachez que ce bar propose une autre facette de Las Vegas : sa scène punk-rock et alternative. Décapant !

Mermaid Lounge
Silverton Casino Lodge, 3333 Blue Diamond Rd.

Ce *lounge* présente une déco kitsch sympathique qui s'articule autour d'un immense aquarium. L'établissement attire une faune désinvolte tous azimuts et sert des bières pression et des vins au verre à prix très raisonnable.

Yard House
Town Square, 6605 Las Vegas Blvd. S.,
702-734-9273

Cet établissement se targue d'offrir la plus grande sélection de bières pression de la planète. En consultant la carte, nous devons avouer qu'il a peut-être raison puisqu'elle propose plus de 150 sortes de bières.

Lèche-vitrine

Centres commerciaux

Las Vegas Outlet Center
7400 Las Vegas Blvd. S., 702-896-5599

Ce centre commercial constitue une solution de rechange aux boutiques onéreuses des hôtels-casinos. On y retrouve de grands noms à bas prix, tels Liz Claiborne, Levi's, Reebok et Tommy Hilfiger, ainsi que plusieurs autres puisque le complexe compte plus de 130 boutiques.

Las Vegas Premium Outlets
875 Grand Central Pkwy. S., 702-474-7500

Si vous êtes à la recherche de vêtements de marque à prix moindre, ces quelque 120 boutiques feront votre bonheur. On y retrouve de grands noms tels que Adidas, Calvin Klein, Dolce & Gabbana, Nike et Polo Ralph Lauren, de même que plusieurs autres.

Town Square
6605 Las Vegas Blvd. S.,
www.townsquarelasvegas.com

Centre commercial à ciel ouvert situé au sud-est du *Strip*, avec plus de 150 boutiques de qualité. L'architecture des lieux présente un mélange insolite et agréable qui reflète différents styles allant du méditerranéen au colonial.

À l'écart du Strip

H&M.

Curiosités

Show-Off! Las Vegas Costumes

6400 S. Eastern Ave., Suite 4, 702-739-6995, www.showofflasvegas.com

Le Show-Off! Las Vegas Costumes est l'endroit tout choisi pour se déguiser en Elvis, Batman, Cléopâtre ou Alice au pays des merveilles. Sur rendez-vous seulement.

Matériel informatique

Apple Store

Town Square, 6671 Las Vegas Blvd. S., 702-221-8826

La boutique Apple offre toute la palette de produits de la marque éponyme. Sans conteste le meilleur endroit pour acheter un iMac, un iPod, un iPad ou un iPhone.

Produits de beauté

Sephora

Town Square, 6671 Las Vegas Blvd. S., 702-361-3727

Vous craquez pour un fond de teint, un parfum ou des cosmétiques à la mode ? Faites un saut chez Sephora.

Vêtements

H&M

Town Square, 6671 Las Vegas Blvd. S., 702-260-1481

Adresse très courue pour les personnes qui souhaitent se procurer des vêtements et accessoires dernier cri vendus à des prix très raisonnables. La boutique H&M de Town Square est la seule à Las Vegas à offrir toutes les collections de la célèbre marque suédoise.

8 ↘

Les environs de Las Vegas

À voir, à faire

Hoover Dam ★★★

Située à 55 km de Las Vegas, et chevauchant le Nevada et l'Arizona, la merveille technologique qui changea à tout jamais le visage du Sud-Ouest américain, le barrage Hoover, est l'aboutissement fabuleux d'un effort collectif quasi surhumain de persévérance et de courage. Bâti durant la Grande Dépression des années 1930 pour dompter le furieux fleuve Colorado, qui se faufile à travers quelques États avant de se tarir dans le désert, le Hoover Dam a une histoire qui s'inscrit dans la lignée des brillantes réalisations modernes et s'ajoute à la liste des œuvres de génie civil les plus remarquables, classées au chapitre des *Nine man-made wonders of the 20th century*.

Haut de 218 m, d'une épaisseur à la base de 200 m, et d'un volume d'enrochement qui a nécessité un total de quatre millions de mètres cubes de béton, le Hoover Dam fut solennellement inauguré le 30 septembre 1935 par le président Franklin Roosevelt. Le Hoover Dam fut entièrement payé en 1987 grâce à la venue de plus de 33 millions de visiteurs et à l'électricité qu'il a générée depuis près de 70 ans. En fait, pratiquement toute l'électricité utilisée au Nevada et une bonne partie de celle utilisée en Californie proviennent d'ici grâce à la capacité de production de ses 17 puissants générateurs, qui produisent annuellement cinq milliards de kilowattheures.

Les environs de Las Vegas

1. Red Rock Canyon National Conservation Area.

2. Valley of Fire State Park.

Le **Hoover Dam Visitor Center** *(stationnement 7$; tlj 9h à 18h; 702-494-2517, www.usbr.gov/lc/hooverdam)* renferme une salle d'exposition, projette un documentaire sur la construction du barrage et dispose d'une terrasse d'observation. C'est également le point de départ des visites guidées *(30$; tlj, durée 1h)* à l'intérieur des entrailles du monstre de roches et de béton, qui permettent de mieux comprendre l'ampleur de cette fantastique réalisation technique.

Lake Mead ★★

En 1935, lorsque les vannes du Hoover Dam furent fermées pour maîtriser le fleuve Colorado et alimenter les turbines de la centrale électrique, la masse d'eau retenue derrière le barrage commença tranquillement à former ce qu'on appelle aujourd'hui le «lac Mead». L'un des plus grands lacs artificiels des États-Unis, le lac Mead couvre près de 0,6 million d'hectares et s'allonge sur environ 175 km, alors que le vaste réservoir ainsi créé découpe 885 km de rives. Des **croisières** *(24$; tlj départs à 12h et 14h; Boulder City, 702-293-6180, www.lakemeadcruises.com)* sont proposées sur ses eaux afin que les visiteurs puissent jouir tout à leur aise du magnifique paysage environnant qui s'offre à leur vue.

Red Rock Canyon National Conservation Area ★★

7$/voiture; avr à sept 6h à 20h, mars et oct 6h à 19h, nov à fév 6h à 17h;
www.redrockcanyonlv.org ou www.blm.gov
Curieuse formation géologique du Mojave Desert, située à environ 16 km à l'ouest de Las Vegas et qui s'étend sur 80 000 ha de ter-

Les environs de Las Vegas

ritoire rocailleux et aride, la Red Rock Canyon National Conservation Area sert de refuge à une faune et à une flore aussi étranges que fascinantes. Plus de 50 km de sentiers pédestres, des aires de pique-nique et un centre d'accueil des visiteurs y ont été aménagés. Le **Visitor Center** *(entrée libre; tlj 8h à 16h30; 702-363-1921)* offre des brochures et de l'information sur le canyon et organise des randonnées commentées par des guides naturalistes certifiés.

Valley of Fire State Park ★★
Créé en 1935, le Valley of Fire State Park est le plus vieux parc national du Nevada, et sa formation géologique ressemble un peu à celle du Red Rock Canyon. Situé au nord du lac Mead, à environ 1h de voiture au nord-est de Las Vegas, le parc a une superficie de 11 500 ha et abrite des pétroglyphes intéressants. Le **Visitor Center** *(10$; tlj 8h30 à 16h30; 702-397-2088, www.parks.nv.gov)* offre des brochures et de l'information sur les sentiers pédestres du parc.

las vegas
pratique

⬎Les formalités

Passeports et visas

Pour entrer aux États-Unis par avion, les citoyens canadiens ont besoin d'un passeport. Ceux qui entrent par voie terrestre ou maritime peuvent présenter soit leur passeport ou un «permis de conduire Plus» qui sert à la fois de permis de conduire et de document de voyage.

Les résidents d'une trentaine de pays dont la France, la Belgique et la Suisse, en voyage de tourisme ou d'affaires, n'ont plus besoin d'être en possession d'un visa pour entrer aux États-Unis à condition de:

- avoir un billet d'avion aller-retour;

- présenter un passeport électronique sauf si vous possédez un passeport individuel à lecture optique en cours de validité et émis au plus tard le 25 octobre 2005; à défaut, l'obtention d'un visa sera obligatoire;

- projeter un séjour de 90 jours maximum (le séjour ne peut être prolongé sur place: le visiteur ne peut changer de statut, accepter un emploi ou étudier);

- présenter des preuves de solvabilité (carte de crédit, chèques de voyage);

- remplir le formulaire de demande d'exemption de visa (formulaire

I-94W) remis par la compagnie de transport pendant le vol.

- le visa est toujours nécessaire pour certaines catégories de voyageurs (étudiants ou visa précédemment refusé).

Depuis janvier 2009, les ressortissants des pays bénéficiaires du Programme d'exemption de visa doivent obtenir une autorisation de séjour avant d'entamer leur voyage aux États-Unis. Afin d'obtenir cette autorisation, les voyageurs éligibles doivent remplir le questionnaire du Système électronique d'autorisation de voyage (ESTA) au moins 72h avant leur déplacement aux États-Unis. Ce formulaire est disponible gratuitement sur le site Internet administré par le U.S. Department of Homeland **Security** (*https:// esta.cbp.dhs.gov/esta/esta.html*).

⬎L'arrivée

Par avion

L'aéroport international de Las Vegas, le **McCarran International Airport** (*702-261-5211, www. mccarran.com*), est l'un des aéroports les plus fréquentés des États-Unis. Il est situé à 1 mi (1,6 km) au sud du *Strip* et à 3 mi (5,6 km) du centre de congrès. Il s'agit d'un aéroport moderne qui est desservi par un très grand nombre de compagnies aériennes et qui abrite des bureaux de change, plusieurs petits

McCarran International Airport.

restaurants sans prétention ainsi que de nombreuses machines à sous (sans doute le seul casino du globe qui ait pour thème un aéroport!).

Des **navettes** circulent toutes les 15 min entre l'aéroport et les différents hôtels du *Strip* (comptez environ 6,50$). Comptez 8$ si vous logez dans le Downtown Area.

Une course en **taxi** au départ de l'aéroport vous coûtera environ 15$ pour rejoindre un hôtel de la partie sud du *Strip*, environ 20$ pour un établissement du centre du *Strip* et environ 30$ pour le nord du *Strip*. Prévoyez entre 35$ et 45$ pour vous rendre au Downtown Area.

Par voiture

La **I-15** est l'autoroute principale qui mène à Las Vegas. La grande majorité des visiteurs en prove-nance du sud de la Californie, de l'Utah et du nord-ouest de l'Arizona empruntent cette voie d'accès. Environ 300 mi (480 km) séparent Los Angeles de Las Vegas. Le trajet au départ de Los Angeles s'effectue en 5h environ, mais le retour s'étire sur près de 10h en raison de la dense circulation automobile. Les voyageurs en provenance du nord de la Californie ou de Reno empruntent la route **95**.

Par autocar

Au départ de Montréal, adressez-vous à la **Gare d'autocars de Montréal** *(514-842-2281, www. stationcentrale.com)* afin d'obtenir des renseignements sur les départs pour Las Vegas. Pour des renseignements sur les départs à partir d'autres villes du Canada, vous

Las Vegas pratique

pouvez vous renseigner auprès de **Greyhound** *(800-661-8747, www. greyhound.ca)*.

Pour quitter Las Vegas en autocar, contactez la succursale régionale de la compagnie **Greyhound** *(200 S. Main St., 800-231-2222)*.

Par train

Les trains de la société **Amtrak** *(800-872-7245, www.amtrak. com)*, propriétaire du réseau ferroviaire américain, ne rejoignent pas directement Las Vegas. Ils effectuent toutefois des arrêts dans trois villes voisines: Kingman en Arizona et Barstow et Needles en Californie. Greyhound (voir ci-dessus) prend ensuite le relais dans ces villes et propose des départs fréquents pour Las Vegas.

↘Le logement

Les tarifs mentionnés dans ce guide s'appliquent, sauf indication contraire, à une chambre pour deux personnes en haute saison.

$	moins de 100$
$$	de 100$ à 200$
$$$	de 201$ à 350$
$$$$	plus de 350$

Chacun des établissements inscrits dans ce guide s'y retrouve en raison de ses qualités ou particularités, en plus de son rapport qualité/prix. Parmi ce groupe déjà sélect, certains établissements se distinguent encore plus que les autres.

1

Nous leur avons donc attribué le label Ulysse 🏷. Celui-ci peut se retrouver dans n'importe lesquelles des catégories d'établissements: supérieure, moyenne-élevée, petit budget. Quoi qu'il en soit, dans chacun de ces établissements, vous en aurez pour votre argent. Repérez-les en premier!

Auberge de jeunesse

Sincity Hostel *$*
1208 Las Vegas Blvd. S., 702-868-0222, www.sincityhostel.com

Bien que située dans un quartier un peu douteux, cette auberge de jeunesse propose des chambres à des prix qui défient toute concurrence. Elles sont généralement louées par des touristes voyageant sac au dos. Les réservations sont vivement suggérées.

1. Excalibur Hotel and Casino.

2. Tropicana.

Hôtels

Au sud du Strip

**Excalibur Hotel
and Casino** *$$-$$$* [47]
3850 Las Vegas Blvd. S., 702-597-7777 ou
877-750-5464, www.excalibur.com

Dans la lignée de la première géné-ration des énormes casinos thé-matiques du *Strip*, le gigantesque Excalibur abrite quelque 4 000 chambres adéquates.

Luxor Hotel and Casino
$$-$$$ [49]
3900 Las Vegas Blvd. S., 702-262-4000 ou
877-386-4658, www.luxor.com

Taillé sur mesure pour la ville de la démesure, le Luxor est doté d'ascenseurs panoramiques qui desservent plus de 4 000 chambres décorées sur le thème de l'Égypte pharaonique. Optez pour les chambres nouvellement décorées.

New York-New York
$$-$$$ [54]
3790 Las Vegas Blvd. S., 702-740-6969,
866-815-4365 ou 800-689-1797,
www.nynyhotelcasino.com

Le New York-New York compte environ 2 000 chambres, propres et bien équipées, mais sans grande originalité.

Tropicana *$$-$$$* [55]
3801 Las Vegas Blvd. S., 702-739-2222 ou
888-826-8767, www.troplv.com

Avec sa récente cure de rajeunis-sement de plus de 160 millions de dollars, le Tropicana s'est offert un sacré remodelage, et il présente indubitablement l'un des meilleurs

Las Vegas pratique

rapports qualité/prix sur le *Strip*. Chambres de bonnes dimensions et bien équipées.

Monte Carlo $$-$$$$ [53]
3770 Las Vegas Blvd. S., 702-730-7777 ou 888-529-4828, www.montecarlo.com

Le Monte Carlo loue près de 3 000 chambres et quelque 225 suites correctes et bien équipées.

Mandalay Bay $$$-$$$$ [50]
3950 Las Vegas Blvd. S., 702-632-7777 ou 877-632-7800, www.mandalaybay.com

Cet établissement propose de vastes chambres impeccables qui répondent aux besoins des voyageurs exigeants. Relié au Mandalay Bay par une petite passerelle, **THEhotel at Mandalay Bay** est une oasis de paix qui propose des suites somptueuses, raffinées et confortables, semblant tout droit sorties de Manhattan. Le luxe à l'état pur, vues spectaculaires en prime.

MGM Grand $$$-$$$$ [52]
3799 Las Vegas Blvd. S., 702-891-1111 ou 877-880-0880, www.mgmgrand.com

Le MGM Grand est le troisième plus grand hôtel de la planète, grâce à sa capacité hôtelière de plus de 5 000 chambres, modernes et spacieuses. Ses étages supérieurs sont occupés par les SkyLOFTS, qui offrent un hébergement de type hôtel-boutique de luxe.

Four Seasons Hotel $$$$ [48]
3960 Las Vegas Blvd. S., 702-632-5000 ou 800-819-5053, www.fourseasons.com/lasvegas

Le luxueux Four Seasons prend les allures d'un petit havre de paix et

1. Monte Carlo.

2. Aria Resort & Casino.

fait incontestablement partie des meilleurs hôtels du Nevada. Cet établissement sans casino abrite quelque 338 chambres et 86 suites, toutes installées entre les 35e et 39e étages d'une des tours du complexe mitoyen Mandalay Bay (voir ci-dessus).

CityCenter [46]
Las Vegas Blvd. S., entre Tropicana Ave. et Harmon Ave., www.citycenter.com

Projet dantesque situé entre le Monte Carlo et le Bellagio et couvrant une superficie d'environ 44,5 ha, le CityCenter abrite l'Aria Resort & Casino (voir ci-dessous), un hôtel-casino de 4 000 chambres, le premier Mandarin Oriental de Las Vegas (voir ci-dessous) et le Vdara Hotel & Spa (voir ci-dessous), des copropriétés luxueuses, ainsi qu'une zone commerciale et

de loisirs. Le CityCenter est doté de technologies écologiques qui en font l'un des plus grands complexes du globe à respecter les principes du développement durable.

Situé au cœur du CityCenter, l'**Aria Resort & Casino** [46] *($$$-$$$$; 3730 Las Vegas Blvd. S., 866-359-7757, www.arialasvegas. com)* abrite 4 000 chambres à la fine pointe de la technologie et à l'épure contemporaine. Qui plus est, le bois et la pierre ainsi que de multiples chutes d'eau ont été intégrés dans la conception, et plusieurs sections de l'hôtel et du casino baignent aussi dans la lumière du jour, ce qui est très rare à Las Vegas. Le centre commercial hyper luxueux Crystals se trouve à un jet de pierre de la réception.

Las Vegas pratique

1. Mandarin Oriental .

2. Flamingo Las Vegas.

Le **Mandarin Oriental** [51] *($$$$; 3752 Las Vegas Blvd. S., 702-590-8888, www.mandarinoriental.com/ lasvegas)* est un hôtel résolument luxueux qui n'abrite aucun casino, mais propose de belles chambres au design contemporain mâtiné de quelques touches orientales.

Pied-à-terre raffiné et opulent situé derrière l'Aria Resort & Casino, le **Vdara Hotel & Spa** *($$$-$$$$; 2600 W. Harmon Ave., 702-590-2767 ou 866-745-7767, www.vdara. com)* est un hôtel en copropriété.

Au centre du Strip

Treasure Island *$$-$$$* [63]
3300 Las Vegas Blvd. S., 702-894-7111 ou 800-944-7206, www.treasureisland.com

Le Treasure Island propose environ 3 000 chambres décorées avec simplicité. Le *TI* est relié au Mirage par un monorail.

Bellagio *$$$-$$$$* [53]
3600 Las Vegas Blvd. S., 702-693-7111 ou 888-987-6667, www.bellagiolasvegas.com

Le Bellagio propose 4 000 chambres à la hauteur du chic que l'on peut s'attendre d'un établissement de catégorie supérieure et offrant d'intéressants points de vue sur le *Strip* et ses alentours. On y présente aussi le merveilleux spectacle *O* (voir p. 83) du Cirque du Soleil.

Caesars Palace *$$$-$$$$* [54]
3570 Las Vegas Blvd. S., 702-731-7110 ou 866-227-5938, www.caesarspalace.com

Inauguré en 1966, le Caesars Palace parvient à se maintenir dans le peloton des meilleurs établissements de Las Vegas malgré la très forte concurrence. Qui plus est, l'établissement abrite une salle de spectacle spécialement conçue pour *Céline* (voir p. 82).

Encore *$$$-$$$$* [55]
3121 Las Vegas Blvd. S., 702-770-8000 ou 877-321-9966, www.wynnlasvegas.com

Steve Wynn a décidé d'ériger une deuxième tour jumelle cuivrée pour insuffler un vent de fraîcheur dans l'industrie des cinq-étoiles de la ville.

Flamingo Las Vegas
$$$-$$$$ [56]
3555 Las Vegas Blvd. S., 702-733-3111 ou 888-902-9929, www.flamingolv.com

Intimement lié à son fondateur, *Bugsy* Siegel, le Flamingo Las Vegas propose aujourd'hui quelque 3 650 chambres spacieuses et aménagées avec distinction.

Mirage *$$$-$$$$* [57]
3400 Las Vegas Blvd. S., 702-791-7111 ou 800-627-6667, www.mirage.com/hotel

Au cœur du *Strip*, cet établissement abrite environ 4 000 chambres qui offrent toutes les commodités auxquelles on peut s'attendre d'un grand hôtel.

Paris Las Vegas
$$$-$$$$ [58]
3655 Las Vegas Blvd. S., 702-649-7000 ou 877-796-2096, www.parislv.com

Ce complexe compte plus de 2 500 chambres et suites réparties sur 33 étages.

Planet Hollywood
$$$-$$$$ [59]
3667 Las Vegas Blvd. S., 702-785-5555 ou 877-333-9474, www.planethollywoodresort.com

Appartenant à la chaîne éponyme, il abrite plus de 2 500 chambres bien équipées.

The Cosmopolitan of Las Vegas *$$$-$$$$* [60]
3708 Las Vegas Blvd S., 702-698-7000 ou 877-551-7778, www.cosmopolitanlasvegas.com

Design, festif et *trendy*, le Cosmopolitan renferme 3 000 chambres

Las Vegas pratique

1. The Palazzo.
2. Wynn Las Vegas.

spacieuses à l'élégance contemporaine. Fait rarissime, la plupart des chambres sont dotées d'un balcon qui offre des vues spectaculaires sur le *Strip*.

The Palazzo $$$-$$$$ [61]
3255 Las Vegas Blvd. S., 702-607-7777 ou 877-444-5777, www.palazzolasvegas.com

Le Palazzo respire le luxe et l'opulence. Construit en annexe du Venetian, il propose environ 3 000 suites spacieuses au confort impeccable.

The Venetian $$$-$$$$ [62]
3355 Las Vegas Blvd. S., 702-414-1000 ou 866-659-9643, www.venetian.com

Au total, The Venetian compte quelque 3 100 suites à la décoration qui s'inspire de Venise. Et comme à Venise, des gondoles sillonnent le petit canal devant l'hôtel.

Wynn Las Vegas $$$-$$$$ [64]
3131 Las Vegas Blvd. S., 702-770-7000 ou 877-321-9966, www.wynnlasvegas.com

Les 3 000 chambres du Wynn Las Vegas, aux tons de terre apaisants, bénéficient de fenêtres s'étendant du plafond au plancher et conservent leur aspect moderne et pratique. Le Wynn est doté du seul parcours de golf à 18 trous sur le *Strip*.

Au nord du Strip

Circus Circus $-$$ [12]
2880 Las Vegas Blvd. S., 702-734-0410 ou 800-634-3450, www.circuscircus.com

Le vénérable Circus Circus a vu le jour en 1968 et compte près de 4 000 petites chambres économiques au confort moderne, mais plutôt défraîchies.

Stratosphere Las Vegas
$$-$$$ [13]
2000 Las Vegas Blvd. S., 702-380-7777 ou
800-998-6937, www.stratospherehotel.com

La tour d'observation du Stratosphere est la plus élevée des États-Unis. Modernes, spacieuses et fort bien équipées, les 2 400 chambres de l'hôtel offrent des vues spectaculaires sur le *Strip* et ses environs. Surveillez son site Internet : il arrive régulièrement que les prix chutent à moins de 100$ la nuitée.

À l'est du Strip

Motel 6 **$-$$** [24]
195 E. Tropicana Ave., 702-798-0728 ou
800-466-8356, www.motel6.com

Avec ses quelque 600 chambres, cet établissement présente un excellent rapport qualité/prix pour sa catégorie.

Hard Rock Hotel and Casino **$$-$$$** [22]
4455 Paradise Rd., 702-693-5000 ou
800- 693-7625, www.hardrockhotel.com

Le Hard Rock Hotel propose plus de 1 500 chambres décorées avec des éléments de l'histoire du rock-and-roll. Prisé d'une clientèle jeune, belle, fringante et à la page.

Las Vegas Hotel & Casino **$$$** [23]
3000 Paradise Rd., 702-732-5111 ou
800-732-7117, www.thelvh.com

Tout près du centre de congrès, mais un peu à l'est du *Strip*, le Las Vegas Hotel & Casino compte plus de 3 000 chambres et 175 suites. L'établissement a servi de toile de fond pendant le tournage du film *Indecent Proposal*, avec Robert Redford, Demi Moore et Woody Harrelson.

Las Vegas pratique

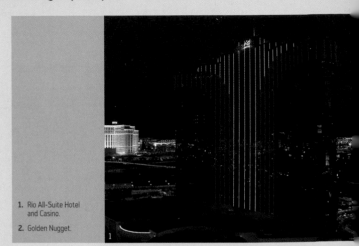

1. Rio All-Suite Hotel and Casino.
2. Golden Nugget.

Las Vegas pratique

Alexis Park Resort Hotel $$$$ [21]
375 E. Harmon Ave., 702-796-3300 ou 800-582-2228, www.alexispark.com

L'Alexis Park Resort Hotel figure parmi les établissements de classe à Las Vegas et offre à sa clientèle un choix de 495 suites, vastes et luxueuses, arborant un décor attrayant qui saura satisfaire autant les gens d'affaires que les vacanciers.

À l'ouest du Strip

Rio All-Suite Hotel and Casino $$-$$$ [9]
3700 W. Flamingo Rd., 702-252-7777 ou 888-746-7671, www.riolasvegas.com

Malgré son éloignement, cet établissement s'attire la faveur d'une clientèle fringante qui cherche une atmosphère festive aux allures carnavalesques. S'y trouvent plus de 2 500 suites joyeusement colorées.

Palms Casino Resort $$-$$$$ [8]
4321 W. Flamingo Rd., 702-942-7777 ou 866-942-7770, www.palms.com

Le Palms se dresse sur 42 étages où s'échelonnent environ 700 chambres soigneusement décorées avec des tons apaisants, et qui offrent des vues magnifiques sur le *Strip*. L'établissement est prisé d'une clientèle jeune, chic et belle.

Downtown Area

Main Street Station $-$$ [8]
200 N. Main St., 702-387-1896 ou 800-713-8933, www.mainstreetcasino.com

Situé à deux minutes à pied de Fremont Street, le charmant Main Street

Station s'inspire de l'ère victorienne et renferme plus de 400 chambres adéquates et économiques. Excellent rapport qualité/prix.

Plaza Hotel & Casino *$-$$* [9]
1 Main St., 702-386-2110 ou 800-634-6575, www.plazahotelcasino.com

Cet hôtel propose des chambres spacieuses et convenables qui offrent une vue sur la Fremont Street Experience, mais dont la décoration est quelconque.

Golden Nugget *$$-$$$* [10]
129 E. Fremont St., 702-385-7111 ou 800-846-5336, www.goldennugget.com

Sans nul doute l'établissement hôtelier ayant le plus de classe dans le quartier, le Golden Nugget dispose de 2 300 chambres et suites élégantes, dotées d'une décoration contemporaine.

À l'écart du Strip

Silverton Hotel Casino *$$-$$$*
3333 Blue Diamond Rd., 702-263-7777 ou 866-946-4373, www.silvertoncasino.com

Situé à une dizaine de kilomètres au sud-ouest du *Strip*, cet établissement loue 300 chambres, élégantes et confortables, qui comptent parmi les plus spacieuses en ville.

◢ Les déplacements

En voiture

Grosso modo, la région touristique de Las Vegas peut être divisée en deux secteurs bien distincts: le *Strip* et le Downtown Area. Rares sont les casinos et les hôtels qui n'offrent pas le stationnement gratuit à leurs clients.

Las Vegas pratique

1. Monorail.

2. The Deuce.

Le monorail

Pour leur éviter de marcher et de suer à grosses gouttes durant les journées de chaleur torride à Las Vegas, différents réseaux de monorail permettent aux visiteurs de se déplacer commodément dans *Sin City*.

Le réseau principal, le **Las Vegas Monorail** *(5$/passage, 12$/1 jour, 28$/3 jours; lun-jeu 7h à 2h, ven-dim 7h à 3h, www.lvmonorail.com)*, compte sept stations qui proposent un circuit parmi les hôtels-casinos et les attraits à l'est du *Strip*. Ces stations desservent le MGM Grand, le Bally's/Paris, le Flamingo, le Harrah's/Imperial Palace, le Las Vegas Convention Center et le Las Vegas Hotel & Casino. On trouve également trois petits réseaux secondaires de monorail gérés par d'autres hôtels-casinos. Au nord-ouest du *Strip*, le Mirage est ainsi relié au Treasure Island *(gratuit; tlj 7h à 2h)*. Au centre du *Strip*, le Bellagio rejoint le Montecarlo en passant par le CityCenter *(gratuit; tlj 8h à 16h)*. Finalement, l'Excalibur est relié au Mandalay Bay par le monorail qui passe par le Luxor *(gratuit, tlj 7h à 22h30)*.

Si vous comptez vous déplacer sur le *Strip* ou jusqu'au Downtown Area, on vous suggère fortement d'utiliser les autobus, le réseau de monorails et de tramways plutôt que la voiture, puisque la circulation peut être très dense.

Malgré tout, la voiture constitue sûrement un moyen efficace et agréable pour visiter les environs de Las Vegas. À moins de vous joindre à un groupe, la voiture vous donne toute la latitude voulue pour errer à votre guise dans les étendues désertiques des environs et constitue la seule autre option. Avant votre départ, vous trouverez facilement de très bonnes cartes routières dans les librairies de voyage ou, une fois rendu sur place, vous pourrez vous en procurer dans les

hôtels, au bureau de tourisme ou dans les stations-service.

En transports en commun

Bien organisé, le réseau d'autobus couvre la majeure partie de Las Vegas. Les autobus du **Regional Transportation Commission of Southern Nevada (RTC)** *(www. rtcsnv.com)* circulent 24 heures sur 24 le long du *Strip*. Ils effectuent une boucle à partir du sud du *Strip* jusqu'au Downtown Area. Les titres de transport *(2h/5$, 24h/7$, 3 jours/20$)* sont vendus dans une machine distributrice près de la plupart des arrêts; vous pouvez aussi payer votre passage à bord des autobus (prévoyez la monnaie exacte). Autobus à deux étages, The Deuce arrête souvent sur le

Las Vegas pratique

Le *Strip*.

Strip, ce qui peut ralentir les déplacements.

Également géré par le RTC, le Strip & Downtown Express est un système de transport rapide qui fonctionne au moyen de tramways. Il arrête moins souvent que The Deuce. Aux heures de pointe, les tramways circulent toutes les 8 à 10 minutes.

En taxi

Les taxis sont facilement identifiables et peuvent être un moyen de transport économique si vous voyagez en groupe, car ils peuvent accueillir jusqu'à quatre personnes. Le compteur débute à 3,20$ pour le premier mille (1,6 km) et ajoute 2$ par mille parcouru. Lorsque le taxi est arrêté à un feu de circulation, le compteur débite 0,25$. Il arrive que les chauffeurs ignorent l'adresse à laquelle vous comptez vous rendre. Assurez-vous donc de toujours obtenir de l'information détaillée sur votre destination finale. Finalement, les chauffeurs de taxi s'attendent à recevoir de 10% à 15% de pourboire sur le montant affiché au compteur. De très nombreux taxis sillonnent les rues de Las Vegas, mais il est interdit d'en héler un sur le *Strip*. Vous devrez plutôt vous rendre à l'une des nombreuses stations de taxis (*taxi stands*) qui se trouvent devant les hôtels.

À vélo

Fortement déconseillé. Mis à part les quelques policiers téméraires qui sillonnent le *Strip* et le Downtown Area à vélo, il n'y a pas vraiment de cyclistes à Las Vegas. La

ville ne possède tout simplement pas les infrastructures nécessaires à ce moyen de transport.

À pied

Si vous tentez d'explorer le *Strip* à pied, sachez que les mégacomplexes hôteliers qui regroupent en moyenne 2 000 chambres peuvent être relativement éloignés les uns des autres, bien que voisins. Dans la chaleur torride de l'été, il peut être éreintant de se lancer dans cette entreprise. Certains établissements sont reliés les uns aux autres par des passerelles.

Pour leur éviter de marcher et de suer à grosses gouttes durant les journées de chaleur torride de Las Vegas, des casinos ont construit un petit réseau de transport sur monorail qui permet aux touristes de se

déplacer commodément entre les casinos (voir l'encadré à ce sujet).

Bon à savoir

Ambassades et consulats étrangers aux États-Unis

Belgique

Ambassade: 3330 Garfield St. NW, Washington, DC 20008, 202-333-6900, www.diplobel.us

Consulat: 6100 Wilshire Blvd., Suite 1200, Los Angeles, CA 90048, 323-857-1244, www.diplomatie.be/losangelesfr/default.asp

Canada

Ambassade: 501 Pennsylvania Ave. NW, Washington, DC 20001, 202-682-1740, www.canadianembassy.org

Las Vegas pratique

Consulats:
550 S. Hope St., 9ᵉ étage, Los Angeles,
CA 90071, 213-346-2719,
www.canadainternational.gc.ca/los_angeles

580 California St., 14ᵉ étage, San
Francisco, CA 94104, 415-834-3180, www.
canadainternational.gc.ca/san_francisco

France

Ambassade: 4101 Reservoir Rd. NW,
Washington, DC 20007, 202-944-6000,
www.ambafrance-us.org

Consulats:
10390 Santa Monica Blvd., Suite 410, Los
Angeles, CA 90025, 310-235-3200,
www.consulfrance-losangeles.org

540 Bush St., San Francisco, CA 94108,
415-397-4330,
www.consulfrance-sanfrancisco.org

Suisse

Ambassade: 2900 Cathedral Ave. NW,
Washington, DC 20008, 202-745-7900,
www.swissemb.org

Consulats:
11766 Whilshire Blvd., Suite 1400, Los
Angeles, CA 90025, 310-575-1145,
www.eda.admin.ch/la

456 Montgomery St., Suite 1500, San
Francisco, CA 94104, 415-788-2272,
www.eda.admin.ch/sanfrancisco

Argent et services financiers

Monnaie

L'unité monétaire est le dollar
($US), lui-même divisé en cents. Un
dollar = 100 cents. Il existe des billets de banque de 1, 5, 10, 20, 50 et
100 dollars, de même que des pièces
de 1 (*penny*), 5 (*nickel*), 10 (*dime*) et
25 (*quarter*) cents. Il y a aussi les
pièces d'un demi-dollar et d'un dollar ainsi que le billet de deux dollars,
mais ils sont très rarement utilisés.

**Il est à noter que tous les prix
mentionnés dans le présent
ouvrage sont en dollars américains.**

Banques

Les banques sont généralement
ouvertes du lundi au vendredi de 9h
à 15h. Le meilleur moyen pour retirer de l'argent à Las Vegas consiste
à utiliser sa carte bancaire (carte
de guichet automatique). Attention, votre banque vous facturera
des frais fixes (par exemple 5$CA),
et il vaut mieux éviter de retirer trop
souvent de petites sommes.

Taux de change

1$US	=	1,01$CA
1$US	=	0,82€
1$US	=	0,98FS
1$CA	=	0,99$US
1€	=	1,22$US
1FS	=	1,02$US

N.B. Les taux de change peuvent
fluctuer en tout temps.

The velvet rope

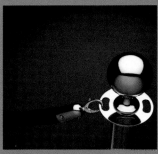

Le *velvet rope* est un cordon de velours qui bloque l'entrée des établissements branchés.

Las Vegas est reconnue pour ses boîtes de nuit sélectes et ses ultra-*lounge* (entre autres XS, Tao, The Bank, Pure, Tabú, Eyecandy Sound Lounge & Bar et Wet Republic) qui attirent une clientèle élégante et argentée. La plupart de ces établissements sont généralement peuplés de mannequins, de *Soon-to-Bes* et d'une kyrielle de personnes qui répondent aux canons de la beauté des magazines de mode. Qui plus est, leurs salons VIP sont souvent fréquentés par des personnalités artistiques bien en vue comme Paris Hilton, Gwen Stefani et Justin Timberlake. Vous l'avez sans doute deviné, ces boîtes, gardées par des portiers au regard patibulaire, ne sont malheureusement pas toujours accessibles aux communs des mortels. Vous êtes peut-être dans le pays du *Bigger is Better*, mais aussi du *Beautiful is Useful*.

Si malgré tout, vous tenez à les fréquenter, laissez votre jeans et vos chaussures de sport à l'hôtel et habillez-vous «nickel» (en noir de préférence). De plus, le simple fait d'être accompagné par une (ou plus) jolie demoiselle au sourire banane peut certes vous favoriser. Par ailleurs, les femmes seules ou qui sortent entre amies profitent d'un avantage indéniable sur les hommes solitaires. Pour améliorer leurs chances d'entrer dans ces antres nocturnes, les femmes devraient s'habiller élégamment, mais sans verser dans le criard ou le trop révélateur. Et n'oubliez pas de passer à la banque. Votre soirée risque de vous coûter cher, puisque le prix d'entrée s'élève facilement à 25$ et peut grimper jusqu'à 50$, et que les cocktails coûtent autour de 20$ (pourboire non inclus). Une façon d'y entrer est d'inscrire votre nom sur la liste de diffusion du site Web de l'établissement qui vous intéresse. Un seul hic, votre boîte de réception risque d'être inondée ultérieurement de pourriels…

Las Vegas pratique

Avez-vous 21 ans ?

Avant d'arpenter les rues de Las Vegas et de vous diriger vers un bar ou une boîte de nuit, on vous conseille fortement d'avoir en votre possession des pièces qui attestent votre identité ainsi que votre âge si votre physique vous fait paraître jeune. En effet, il n'est pas rare que le portier d'un établissement licencié vous en fasse la demande avant de vous laisser entrer à l'intérieur. Il est illégal de servir de l'alcool aux moins de 21 ans.

Bars et boîtes de nuit

Les boîtes de nuit exigent généralement un droit d'entrée qui varie entre 10$ et 50$ (si vous réservez une table pour un groupe), selon la notoriété de l'établissement. Renseignez-vous également sur le code vestimentaire qui prévaut dans l'établissement où vous désirez aller afin d'éviter les mauvaises surprises.

Climat

Comme la ville de Las Vegas est située dans le désert du Nevada, le climat y est extrêmement chaud et sec durant l'été, tandis que les hivers sont frisquets. En été, la température peut aisément dépasser les 40°C (100°F). Les pluies sont rares, mais il arrive qu'un orage éclate soudainement et provoque des pluies

Eyecandy Sound Lounge
& Bar.

diluviennes sur une courte période. De décembre à février, la température du jour peut être bien confortable, mais les soirées deviennent un tant soit peu fraîches, quoique les risques de gel soient rares. La plus grande partie de l'État ne reçoit en moyenne que 100 mm de pluie par année pour environ 293 jours de soleil. Grosso modo, l'automne est sans doute la meilleure saison pour visiter Las Vegas.

Moyennes des températures et des précipitations

	Jan	Fév	Mars	Avr	Mai	Juin	Juil	Août	Sept	Oct	Nov	Déc
Max.	14	17	20	25	31	38	41	40	35	28	20	14
Min.	1	4	7	10	16	21	25	23	19	12	6	1
Précip. (mm)	12	12	11	5	7	3	9	12	7	5	11	10

Las Vegas pratique

1. Adventuredome.
2. Dolphin Habitat.

Las Vegas pour enfants

N'en déplaise à beaucoup de personnes, Las Vegas n'est a priori tout simplement pas une ville conçue pour les enfants. N'oublions pas qu'il s'agit avant tout d'une ville qui doit son existence à l'argent généré par les casinos, la prostitution et bon nombre d'activités illicites. Certes, les temps ont changé : la ville a été nettoyée de la pègre et du grand banditisme qui s'y est développé jadis, elle est devenue plus respectable et sécuritaire, et beaucoup d'options intéressantes s'offrent aux gamins pour les distraire. Toutefois, les jeunes de moins de 21 ans n'ont toujours pas le droit de s'adonner au jeu dès qu'il est question d'argent. Qui plus est, certains casinos, dont le Bellagio, le Venetian et le Monte Carlo, refusent catégoriquement aux moins de 21 ans le droit de franchir leur portillon et, il va sans dire, d'accéder aux aires de jeux.

Malgré tout, il y a toujours des casinos qui visent une clientèle familiale, comme l'Excalibur, le Treasure Island et le Circus Circus. Depuis le début des années 1990, beaucoup d'autres établissements, à la fois de jeu et de divertissement, ont emboîté le pas en se dotant d'infrastructures qui plaisent à leurs jeunes clients (parc d'attractions, montagnes russes, etc.).

Bref, il y a somme toute à Las Vegas bon nombre d'activités pour les enfants qui, n'en doutons point, y trouveront leur plaisir.

Voici une liste d'activités qui feront sans nul doute sourire vos gamins :

Adventuredome (p. 88)
Big Shot, Insanity the Ride et X Scream (p. 88)
Fall of Atlantis Fountain Show in The Forum Shops (p. 61)
GameWorks (p. 36)
Fountains of Bellagio (p. 80)
The Lion Habitat (p. 52)
The Roller Coaster (p. 35)
Shark Reef (p. 29)
Siegfried & Roy's Secret Garden and Dolphin Habitat (p. 65)
Sirens of TI (p. 66)
Le volcan du Mirage (p. 64)

Las Vegas pratique

Las Vegas pratique

Décalage horaire

Lorsqu'il est midi à Montréal, il est 9h à Las Vegas. Le décalage horaire pour la France, la Belgique ou la Suisse est de neuf heures. Par exemple, s'il est 18h à Paris, il est 9h à Las Vegas. Attention cependant aux changements d'horaire, qui ne se font pas aux mêmes dates: aux États-Unis et au Canada, l'heure d'hiver entre en vigueur le premier dimanche de novembre (on recule d'une heure) et prend fin le deuxième dimanche de mars (on avance d'une heure).

Drogues

Les drogues sont absolument interdites (même les drogues dites «douces»). Tant les consommateurs que les distributeurs risquent de gros ennuis s'ils sont trouvés en possession de drogues.

Électricité

Partout aux États-Unis et en Amérique du Nord, la tension électrique est de 110 volts et de 60 cycles (Europe: 50 cycles); aussi, pour utiliser des appareils électriques européens, devrez-vous vous munir d'un transformateur de courant adéquat.

Les fiches d'électricité sont plates, et vous pourrez trouver des adaptateurs sur place ou, avant de partir, vous en procurer dans une boutique d'articles de voyage ou une librairie de voyage.

Enfants

Faites vos réservations à l'avance, en vous assurant que l'établisse-

Célébrations du jour de l'An
à Las Vegas.

ment où vous désirez loger accueille les enfants. S'il vous faut un berceau ou un petit lit supplémentaire, n'oubliez pas d'en faire la demande au moment de réserver.

Femmes voyageant seules

En observant les règles de sécurité usuelles (voir «Sécurité», p. 146), visiter Las Vegas ne pose pas de problème majeur pour les femmes voyageant seules. Devant les allusions ou suggestions insistantes de certains hommes, la meilleure arme demeure l'indifférence.

Jours fériés

Voici la liste des jours fériés aux États-Unis. À noter que la plupart des magasins, services administra-

tifs et banques sont fermés pendant ces jours.

New Year's Day (jour de l'An)
1er janvier

Martin Luther King, Jr.'s Birthday
Troisième lundi de janvier

President's Day (anniversaire de Washington)
Troisième lundi de février

Memorial Day
Dernier lundi de mai

Independence Day (fête nationale des Américains)
4 juillet

Labor Day (fête du Travail)
Premier lundi de septembre

Columbus Day (jour de Colomb)
Deuxième lundi d'octobre

Veterans Day (jour des Vétérans et de l'Armistice)
11 novembre

Thanksgiving Day (action de Grâce)
Quatrième jeudi de novembre

Christmas Day (Noël)
25 décembre

Poste

Les bureaux de poste sont ouverts du lundi au vendredi de 8h30 à 17h30 (parfois jusqu'à 18h) et le samedi de 8h à midi. Demandez à la réception de votre hôtel pour obtenir l'adresse du bureau de poste le plus près.

Pourboires

En général, le pourboire s'applique à tous les services rendus à table, c'est-à-dire dans les restaurants ou autres établissement où l'on vous sert à table (la restauration rapide n'entre donc pas dans cette catégorie).

Sujet de conversation délicat, les pourboires font souvent l'objet d'éternels débats auprès des personnes concernées. Un bon service exige un bon pourboire. Les serveurs, les femmes de chambre et les guides, entre autres, ont un salaire de base dérisoire et comptent généralement sur la générosité de vos pourboires.

Selon la qualité du service rendu dans les restaurants, il faut compter environ 15% (20% dans les restaurants gastronomiques) de pourboire sur le montant avant les taxes. Le pourboire n'est pas, comme en

Noël à The Venetian.

Europe, inclus dans l'addition, et le client doit le calculer lui-même et le remettre à la serveuse ou au serveur; service et pourboire sont une même et seule chose en Amérique du Nord.

Serveurs: 15% à 20% du montant avant les taxes.

Chasseurs: 2$ à 5$ par valise, selon le type d'établissement.

Croupiers: si vous êtes gagnant et que les suggestions du croupier vous ont été utiles, placez un pourcentage de votre mise en sa faveur lors de votre prochaine gageure.

Femmes de chambre: 3$ à 5$ par jour, selon le type d'établissement.

Maîtres d'hôtel: 10$ à 20$ selon la table qu'on vous trouvera.

Valets: 3$ à 5$, selon le type d'établissement.

Presse écrite

Le **Sun** (www.lasvegassun.com) et le **Review-Journal** (www.lvrj.com) sont les deux grands quotidiens de Las Vegas. Le *Sun* traite de nouvelles locales, tandis que le *Review-Journal* couvre les nouvelles nationales. Les kiosques à journaux vendent aussi le *New York Times*, le *L.A. Times*, le *USA Today* et le *Wall Street Journal*.

Le **City Life** (www.lvcitylife.com) et le **Las Vegas Weekly** (www.lasvegasweekly.com) sont deux

Las Vegas pratique

Jean Georges Steakhouse.

hebdomadaires gratuits qui offrent par ailleurs un bon aperçu de la vie culturelle de Las Vegas. De plus, vous y trouverez de bonnes adresses où sortir et manger ainsi que des critiques de spectacles et des chroniques sur l'actualité.

Procurez-vous aussi l'un des nombreux magazines gratuits, entre autres le *Las Vegas Magazine*, *Showbiz Weekly* (www.lvshowbiz. com) et le *What's On* (www. ilovevegas.com).

Renseignements touristiques

Pour toute demande de renseignements touristiques, de brochures ou de cartes, adressez-vous à la **Las Vegas Convention and Visi-** **tors Authority** (*3150 Paradise Rd., 702-892-0711 ou 877-847-4858, www.visitlasvegas.com*). Une pochette d'information gratuite peut vous être acheminée par le Las Vegas Convention & Visitors Bureau en en faisant la demande par téléphone ou courrier électronique.

La **Nevada Commission on Tourism** (*www.travelnevada.com*) peut vous fournir bon nombre de renseignements sur les attraits, les hôtels et les parcs.

Restaurants

Jadis objet de sarcasmes et de réflexions vitriolées en raison des repas au goût fadasse ou de réchauffé qu'il était commun de se faire servir, on évoque aujourd'hui

les restaurants de Las Vegas en leur apposant les qualificatifs de *cool* et branchés, ou encore en les qualifiant carrément d'officines épicuriennes de classe internationale.

En effet, de plus en plus de chefs respectés se laissent séduire par l'idée d'ouvrir un établissement culinaire dans la capitale du jeu: Alain Ducasse, Joël Robuchon, Jean-Louis Palladin, Emeril Lagasse, Thomas Keller, Jean-Georges Vongerichten, Stephan Myles, Michael Mina, Todd English, Charlie Palmer, Alex Sratta, Wolfgang Puck, Julian Serrano et autres pontifes culinaires font partie du florilège de chefs qui officient avec diligence dans les cuisines de Las Vegas.

Un bon nombre de ces chefs s'inspirent de traditions culturelles et culinaires extrêmement variées, ce qui permet à certains d'entre eux de concocter toutes sortes de combinaisons, en rejetant bien des a priori mais sans écarter certaines incohérences. Cette approche très ouverte suscite bien des audaces culinaires et produit à la longue de nombreuses et surprenantes créations. Bref, que vous soyez à la recherche d'un gros steak juteux, d'un buffet plantureux, d'une cuisine fusion exotique ou de plats raffinés aux effluves dignes des fleurons gastronomiques de l'Hexagone, de l'Italie, du Japon ou de la Chine, vous trouverez sûrement, tenez-vous-le pour dit, de quoi délecter vos papilles gustatives.

Las Vegas pratique

Les tarifs indiqués dans ce guide s'appliquent à un repas pour une personne, avant boissons, taxes et pourboire.

$	moins de 15$
$$	de 15$ à 30$
$$$	de 31$ à 60$
$$$$	plus de 60$

Parmi les restaurants proposés dans ce guide, certains se distinguent encore plus que les autres. Nous leur avons donc attribué le label Ulysse 🐚. Repérez-les en premier !

Santé

Pour les personnes en provenance d'Europe, du Québec et du Canada, aucun vaccin n'est nécessaire. D'autre part, il est vivement recommandé, en raison du prix élevé des soins, de contracter une bonne assurance maladie-accident. Il existe différentes formules, et nous vous conseillons de les comparer. Emportez vos médicaments, surtout ceux qui exigent une ordonnance. Sauf indication contraire, l'eau est potable partout à Las Vegas.

Sécurité

En général, en appliquant les règles de sécurité normales, vous ne devriez pas être plus incommodé aux États-Unis que chez vous. Cependant, évitez toute ostentation et soyez plus vigilant dans les lieux qui ne vous sont pas familiers. Gardez toujours des petites coupures dans vos poches et, au moment d'effectuer un achat, évitez de montrer trop d'argent.

Le *Strip* de Las Vegas n'est pas une zone dangereuse. Toutefois, il est

Cashman Field Center.

souvent préférable de s'enquérir, dès son arrivée, des secteurs qu'il vaut mieux s'abstenir de visiter à n'importe quelle heure du jour et de la nuit. En prenant les précautions courantes, il n'y a pas lieu d'être inquiet pour sa sécurité. Si toutefois la malchance était avec vous, n'oubliez pas que le numéro de secours est le **911**, ou le **0** en passant par le téléphoniste.

Les environs de la Stratosphere Tower deviennent un *no man's land* une fois le soleil couché. Fréquenter le secteur entre la Stratosphere Tower et le Downtown Area n'est pas conseillé la nuit.

Par ailleurs, si vous assistez à un spectacle gratuit, surveillez bien votre sac et vos poches. C'est souvent dans ces moments-là que les voleurs en profitent pour commettre leurs méfaits et fuir en catimini avec vos biens personnels. La plupart des bons hôtels sont équipés de coffrets de sûreté dans lesquels vous pouvez placer vos objets de valeur, ce qui vous procurera une certaine tranquillité d'esprit.

Sports professionnels

Baseball

Cashman Field Center
850 Las Vegas Blvd. N., 702-386-7200
Entre les mois d'avril et d'août, les **Las Vegas 51s** *(www.lv51. com)* font face à leurs rivaux. Les 51s sont la filiale des Blue Jays de Toronto et font partie de la Pacific Coast League.

Las Vegas pratique

Monday Night Football

Le *Monday Night Football* est l'une des manifestations sportives les plus prisées des États-Unis. Écouté religieusement tous les lundis soir par des millions de téléspectateurs depuis 1970, il s'agit d'un lieu de rencontre idéal pour prendre le pouls d'un haut lieu de testostérone. À cette occasion, les *sportsbooks* des casinos sont littéralement submergés de fervents partisans de football américain qui viennent parier sur leur équipe favorite.

Football

Sam Boyd Stadium
4505 S. Maryland Pkwy., 702-739-3267
De septembre à novembre, les **UNLV Rebels** *(www.unlvrebels. cstv.com)* affrontent leurs adversaires au Sam Boyd Stadium.

Boxe

Las Vegas accueille chaque année plusieurs championnats mondiaux de boxe. Attendez-vous à payer entre 25$ et 300$ pour assister à l'un de ces combats, selon son importance. Pour les horaires et les événements à venir, vous pouvez consulter le site *www.lvboxing.com*. La plupart des combats d'envergure ont lieu soit au Mandalay Bay, au MGM Grand (voir p. 36) ou à l'Orleans *(4500 W. Tropicana Ave.)*. Durant ces

Sam Boyd Stadium.

soirées épiques, les preneurs aux livres de Las Vegas établissent des cotes qui suscitent l'intérêt de bien des joueurs compulsifs.

Vie gay

Bien que Las Vegas soit une ville ouverte et désinvolte, la vie gay y demeure plutôt cachée. La plupart des établissements gays se trouvent d'ailleurs dans un périmètre à l'est du *Strip* désigné du nom de «The Gay Triangle» (voir l'encadré de la page 98). Le **Gay & Lesbian Community Center** *(953 E. Sahara Rd., 702-733-9800, www.thecenter-lasvegas.com)* diffuse de l'information sur la vie gay à Las Vegas.

Le ***Las Vegas Bugle*** *(www.qvegas. com)* est un *e-zine* où l'on trouve bon nombre de renseignements sur la communauté gay et lesbienne.

Visite guidée

Papillon
McCarran Airport Executive Terminal, 275 E. Tropicana Ave., Suite 175, 702-736-7243 ou 888-635-7272, www.papillon.com

Un des meilleurs moyens de voir Las Vegas autrement, c'est de faire une balade en hélicoptère (à la tombée de la nuit de préférence). Idéal pour un baptême de l'air.

Voyageurs à mobilité réduite

La plupart des établissements du parc hôtelier de Las Vegas, incluant ses casinos, sont pourvus d'infrastructures facilitant la visite des personnes à mobilité réduite. Pour de plus amples renseignements, adressez-vous à la **Nevada Association for the Handicapped** *(6200 W. Oakley Blvd., 702-870-7050)*.

Las Vegas pratique

index

↘

lexique
français-anglais ↘

Bonjour	*Hello*	S'il vous plaît	*Please*
Bonsoir	*Good evening/night*	Merci	*Thank you*
Bonjour, au revoir	*Goodbye*	De rien, bienvenue	*You're welcome*
Comment ça va?	*How are you?*	Excusez-moi	*Excuse me*
Ça va bien	*I'm fine*	J'ai besoin de...*	*I need...*
Oui	*Yes*	Je voudrais...*	*I would like...*
Non	*No*	C'est combien?	*How much is this?*
Peut-être	*Maybe*	L'addition, s'il vous plaît	*The bill please*

Directions

Où est le/la ...?	*Where is...?*	entre	*between*
Il n'y a pas de...	*There is no...,*	ici	*here*
Nous n'avons pas de...	*We have no...*	là, là-bas	*there, over there*
à côté de	*beside*	loin de	*far from*
à l'extérieur	*outside*	près de	*near*
à l'intérieur	*into, inside, in, into, inside*	sur la droite	*to the right*
derrière	*behind*	sur la gauche	*to the left*
devant	*in front of*	tout droit	*straight ahead*

Le temps

après-midi	*afternoon*	octobre	*October*
aujourd'hui	*today*	novembre	*November*
demain	*tomorrow*	décembre	*December*
heure	*hour*	nuit	*night*
hier	*yesterday*	Quand?	*When?*
jamais	*never*	Quelle heure est-il?	*What time is it?*
jour	*day*	semaine	*week*
maintenant	*now*	dimanche	*Sunday*
matin	*morning*	lundi	*Monday*
minute	*minute*	mardi	*Tuesday*
mois	*month*	mercredi	*Wednesday*
janvier	*January*	jeudi	*Thursday*
février	*February*	vendredi	*Friday*
mars	*March*	samedi	*Saturday*
avril	*April*	soir	*evening*
mai	*May*		
juin	*June*		
juillet	*July*		
août	*August*		
septembre	*September*		

Au restaurant

banquette	*booth*	café	*coffee*
chaise	*chair*	dessert	*dessert*
cuisine	*kitchen*	entrée	*appetizer*
salle à manger	*dining room*	plat	*dish*
table	*table*	plat principal	*main dish / entree*
terrasse	*patio*	plats végétariens	*vegetarian dishes*
toilettes	*washroom*	soupe	*soup*
		vin	*wine*
petit déjeuner	*breakfast*		
déjeuner	*lunch*	saignant	*rare*
dîner	*dinner / supper*	à point (médium)	*medium*
		bien cuit	*well done*

Achats

appareils	*electronic*	informatique	*equipment*
électroniques	*equipment*	équipement	*photography*
artisanat	*handicrafts*	photographique	*equipment*
boutique	*store / boutique*	journaux	*newspapers*
cadeau	*gift*	librairie	*bookstore*
carte	*map*	marché	*market*
carte postale	*postcard*	pharmacie	*pharmacy*
centre commercial	*shopping mall*	supermarché	*supermarket*
chaussures	*shoes*	timbres	*stamps*
coiffeur	*hairdresser / barber*	vêtements	*clothing*
équipement	*computer*		

Mesures et conversions

Mesures de capacité

1 gallon américain (gal) = 3,79 litres

Mesures de longueur

1 pied (pi) = 30 centimètres
1 mille (mi) = 1,6 kilomètre
1 pouce (po) = 2,5 centimètres

Poids

1 livre (lb) = 454 grammes

Température

Pour en connaître un peu plus, procurez-vous le guide de conversation *L'anglais pour mieux voyager en Amérique*.

Crédits photographiques

p. 4 © Dreamstime.com/Kenneth D Durden, p. 6 © Dreamstime.com/Bryan Busovicki, p. 6 © David Baxendale, p. 6 © Courtesy of MGM Resorts International, p. 6 © Courtesy of MGM Resorts International, p. 7 © Courtesy of MGM Resorts International, p. 7 © Philippe Renault, p. 7 © David Herrera, p. 7 © Sylvain Cousineau, p. 7 © Las Vegas News Bureau, p. 7 © Las Vegas News Bureau, p. 8-9 © Las Vegas News Bureau, p. 10-11 © Tomas Muscionico/Cirque du Soleil, p. 12-13 © Dreamstime.com/Americanspirit, p. 14 © Dreamstime.com/Aragami12345, p. 15 © Courtesy of MGM Resorts International, p. 16 © Courtesy of MGM Resorts International, p. 17 © Courtesy of MGM Resorts International, p. 18 © Jason Wallace, p. 19 © The Cosmopolitan of Las Vegas, p. 20 © Courtesy of MGM Resorts International, p. 21 © Courtesy of Caesars Entertainment, p. 22 © courtesy of Tropicana Las Vegas, p. 23 © Wynn Las Vegas, p. 24 © Barbara Kraft/XS Nightclub, p. 25 © Jeff Green/Courtesy of MGM Resorts International, p. 26 © Courtesy of MGM Resorts International, p. 29 © Las Vegas News Bureau, p. 33 © Philippe Renault, p. 35 © Richard Berenholtz/Courtesy of MGM Resorts International, p. 36 © Courtesy of MGM Resorts International, p. 37 © Courtesy of MGM Resorts International, p. 39 © Courtesy of MGM Resorts International, p. 41 © Courtesy of MGM Resorts International, p. 42 © Courtesy of MGM Resorts International, p. 43 © Courtesy of MGM Resorts International, p. 44 © Courtesy of MGM Resorts International, p. 45 © Courtesy of MGM Resorts International, p. 46 © Courtesy of Mandarin Oriental, Las Vegas, p. 47 © Charlie Palmer Group, p. 49 © Courtesy of MGM Resorts International, p. 50 © Courtesy of MGM Resorts International, p. 51 © Courtesy of MGM Resorts International, p. 52 © Courtesy of MGM Resorts International, p. 53 © Eric Jamison/Cirque du Soleil, p. 54 © John Davis/Cirque du Soleil, p. 55 © Phillip Dixon/Cirque du Soleil, p. 57 © Courtesy of Caesars Entertainment, p. 61 © Courtesy of Caesars Entertainment, p. 63 © Tom Ipri, p. 64 © The Venetian/Palazzo Las Vegas, p. 66 © The Cosmopolitan of Las Vegas, p. 68 © Courtesy of Caesars Entertainment, p. 69 © The Cosmopolitan of Las Vegas, p. 70 © Courtesy of MGM Resorts International, p. 71 © Courtesy of Caesars Entertainment, p. 72 © Courtesy of Caesars Entertainment, p. 73 © Wynn Las Vegas, p. 75 © The Cosmopolitan of Las Vegas, p. 76 © Courtesy of Caesars Entertainment, p. 77 © Courtesy of MGM Resorts International, p. 79 © Courtesy of MGM Resorts International, p. 81 © The Venetian/Palazzo Las Vegas, p. 82 © Gérard Schachmes/Courtesy of Caesars Entertainment, p. 85 © Courtesy of Caesars Entertainment, p. 87 © Image Courtesy of Fashion Show, p. 89 © Paul David Lujan, p. 90 © Courtesy of MGM Resorts International, p. 92 © Stratosphere Hotel & Casino, p. 93 © David Lancaster, p. 95 © Ronnie Macdonald, p. 99 © Joe Regan, p. 101 © Courtesy of Caesars Entertainment, p. 105 © Las Vegas News Bureau, p. 109 © The Neon Museum, Inc., p. 110 © Philippe Renault, p. 111 © Studio J Inc., p. 112 © Studio J Inc., p. 114 © Las Vegas News Bureau, p. 115 © Las Vegas News Bureau, p. 116 © Dreamstime.com/Emattil, p. 119 © Courtesy of Clark County Department of Aviation, p. 120 © Courtesy of MGM Resorts International, p. 121 © Courtesy of Tropicana Las Vega, p. 122 © Sylvain Cousineau, p. 123 © Courtesy of MGM Resorts International, p. 124 © Courtesy of MGM Resorts International, p. 125 © Courtesy of Caesars Entertainment, p. 126 © The Venetian/Palazzo Las Vegas, p. 127 © Robert Miller, p. 128 © Courtesy of Caesars Entertainment, p. 129 © Golden Nugget Hotel & Casino, p. 130 © Las Vegas Monorail Company, p. 131 © Las Vegas News Bureau, p. 132-133 © Miracle Mile Shops, 135 © iStockphoto.com/robstyle, p. 136-137 © Courtesy of MGM Resorts International, p. 138 © Courtesy of MGM Resorts International, p. 139 © Courtesy of MGM Resorts International, p. 140-141 © Las Vegas News Bureau, p. 142-143 © The Venetian/Palazzo Las Vegas, p. 144-145 © Courtesy of MGM Resorts International, p. 146-147 © Las Vegas News Bureau, p. 148-149 © Sam Boyd Stadium, p. 150-151 © Las Vegas News Bureau